# 베스트 空手道全書

## 기초편 *2*

中山正敏 著 / 明在玉 監修
姜泰鼎 譯

서림문화사

# 베스트 공수도전서

나카야마 마사도시 지음

베스트 공수도전서 ②

# 차 례

나카야마(中山) 공수의 진수　7
책 머리에　9
공수도란?　11
공수도 기술의 본질　11

제1장 **허리** ──────────────── 15
제2장 **서기 자세** ────────────── 37
제3장 **몸의 이동** ────────────── 61
제4장 **숙달에의 힌트** ──────────── 83
제5장 **기본기의 원리** ──────────── 115

기본기 연습 스케줄　138
공수에 필요한 여러 근육　140

# 나카야마(中山) 공수의 진수

오늘날의 공수(空手)는 전세계에 보급되어 많은 동호인들이 수련에 정진하고 있다. 그것은 공수가 무도(武道)로서 뿐만 아니라, 과학적으로 뒷받침된 근대 공수도로서 확립했기 때문이라 할 수 있을 것이다. 나의 사부 나카야마(中山正敏) 선생은 그 근대 공수의 제일인자였다.

선생은 누구나 익힐 수 있는 체육적인 공수, 호신술로서의 공수, 경기(競技)로서의 공수 등 수련하는 사람의 층에 따라 여유 있게 지도할 수 있도록 힘써 왔으며, 우리들은 그런 교육을 받았다. 연습법만 해도 합리적인 방법을 추구해 왔다. 또한 어떤 수련에도 생리학적・운동역학적인 합리성이 중요하다고 해서 공수를 과학적으로 분석한 것이다. 그것이 공수인구를 증가시키는 데 있어서 큰 도움이 되었다고 여겨진다.

공수시합의 룰을 완성한 것도 큰 공적이다. 대련의 시합에 관해서는 포인트 위주의 승부를 마다하고, 일권필살(一拳必殺)이야말로 공수의 진수임을 강조했다. 즉 단보승부의 룰을 만들었다. 그것이 현재의 시합제도가 되고 있는 것이다. 또 체조경기나 뛰어들기경기 등의 채점법도 깊이 연구하고, 거기에서 힌트를 얻어 힘의 강약(强弱), 몸의 완급, 몸의 신축을 기본으로 삼은 형(形)의 시합을 이뤄 놓은 것이다.

선생은 30년 전부터 우수한 지도자를 양성하여 외국에 파견하는 일에도 열심이었다. 처음에는 사막에 물을 뿌리는 것 같은 형편이었지만, 그것이 오늘에 꽃을 피우고 있다. 선생이 배출시킨 지도자들의 노고에 의한 것이다. 선생 자신이 1년에 3개월 내지 반년은 외국에 가서 공수의 보급에 힘써 왔다. 선생은 특히 외국에 가기만 하면 생기가 돌았다. 그것은 참으로 이상할 정도였다. 병이 나서 선생의 몸을 걱정해 "적당히 하세요"하고 만류하면 "나의 즐거움을 빼앗을 셈인가"고 도리어 책망하기 일쑤였다. 결국 그 같은 노력의 결집이 곧 공수하면 'NAKAYAMA KARATE'라고 할 만큼 불멸의 지위를 쌓아 올린 것이다. 따라서 선생의 저서는 세계 공수가들의 '바이블'로서 절대적 평가를 얻고 있다 해도 과언이 아니다.

공수가 세계에 보급되고서는 공수의 아카데미적인 조직 구성을 착수하기 시작했다. 나라의 안팎을 막론하고, 어떤 조직이건 대립하는 것이 아니다. 기술을 중심으로 제휴해 가자, 기술의 교류를 통해 공수도를 높여 가자는 것이 선생의 이상이었다. 한데, 그것을 완수하기 전에 돌연 세상을 뜨셨다. 나는 다쿠쇼쿠(拓植) 대학 때부터 선생에게서 직접 지도를 받았던 못난 제자이기는 하지만, 선생의 가르침을 계승해야 한다는 생각을 하고 있다.

선생이 가장 중요시했던 것은 이른바 '끝내기'와 '기본'이었다. 끝내기라는 것은 자기가 갖고 있는 힘과 속도를 어떻게 순간적으로 집중시키느냐는 것이다. 그리고 기본을 확실하게 익혀 놓으면 몇 살이 되어도 할 수 있는 것이라고 하며, 기본을 중요시 여겼다. 공수는 재능이나 젊음에 의해 어느 한 시기만 강하다고 하는 것이 아니라 평생을 두고 할 수 있는 것이다. 그래서, 선생은 '끝내기'를 어떻게 완성하는가 하는 것과 '평생공수(平生空手)'라는 것을 큰 목표로 삼고 있었다.

그런 '나카야마 공수'를 전하는 의미에서 이번에 선생의 「베스트 공수」 시리즈(全11卷)가 출판되는 것은 참으로 기쁘기 그지없는 일이다. 이 「베스트 공수」는 이미 해외용으로서 세계 7개 국어판으로 출판된 것의 일본어판인데, 풍부한 연속 사진에 의해 공수의 실기를 알기 쉽게 해설하고 있다. '나카야마 공수'의 진수를 아는 데 이 이상의 책은 없다고 믿어 의심치 않는다.

社團法人 日本空手協會 專務理事
庄司 寬

# 책 머리에

공수도(空手道)는 지난 십 수년 사이 전세계에 급속히 보급되고 있으며, 젊은 학생들은 말할 것 없고, 다수의 대학교수·예술가·실업가·공무원 등 각계 각층의 지도층에까지 매우 광범위하게 확대되고 있다. 구미(歐美)의 대학 등에서 정규 체육과목으로 채택하는 데가 증가하고, 군대나 경찰에도 보급되고 있는 것이 현실이다. 그저 단순한 격투기술로만 습득하는 것이 아니라, 높은 이념에 입각한 동양적인 무도로 추구함으로써 정신의 양식을 삼으려는 노력은 여간 기쁜 일이 아니다.

그러나 한편 이것이 공수인가 하고 고개를 갸웃거리게 하는 치고 막기나, 차고 막기의 폭력공수, 또는 머리와 손과 발로 물건을 빠개는 공수 쇼라는 것도 나타나고, 복싱에 차기를 가미한 것만으로, 이것이 공수의 시합으로서 판을 치고 있는 일면은 참으로 어처구니없는 일이다. 또 중국의 권법이나 오키나와(沖繩)의 고무술도 일본적으로 완성된 공수도와 동일시하는 경향이 있는 것도 유감스러운 일이다. 공수도에는 오랜 세월 동안에 완성된 격조 높은 여러 가지의 형(形)이 있고, 그 형 자체에 포함되는 공방의 기본기를 유효하게 활용하기 위한 정신적인 요소가 중요하다.

공수는 몸에 전혀 무기를 지니지 않고 일권일축(一拳一蹴), 순간에 적을 쓰러뜨리는 오키나와의 고무술에서 발전한 것이다. 기술보다도 심술(心術)에 무게를 두고, 평소는 예양(礼讓) 속에 체력을 단련하며, 정의를 위해 전력을 다해 싸우는 것이 진정한 공수도이다. 후나고시(船越) 선생이 가르친 대로, 안으로 부앙천지(俯仰天地)에 부끄럽지 않은 마음을 닦고, 밖으로는 맹수도 습복(慴伏)시키는 위력이 있어야 한다. 마음도 기량면(技兩面)을 겸해야 완전한 공수도라고 할 수 있다.

체육의 호신(護身)으로서 육성되고 발전했던 공수도는 체조 시합적(試合的) 스포츠 공수로서의 새 분야로 개발, 활성화되고 있다. 그러나, 다만 시합에 이기는 것에 급급한 나머지 기본기를 충분히 구사하지 못하거나, 순서에 따른 연습도 하지 않고 함부로 자유대련 또는 대결에만 치우치기 때문에 공수 특유의 날카롭고 시원스러운 강한 위력감의 지르기나 차기 등이 모자라고, 따라서 기본기 자체도 자칫 시합을 위한 요령 본위의 연습이 되기 십상이다. 선수가 되고 싶다, 선수를 빨리 키우고 싶다는 열의는 이해할 만하나, 이는 선수나 지도자 다같이 크게 반성할 점이라 여겨진다. "바쁘면 돌아가라"는 속담처럼 한걸음씩 착실하게 올바른 기본기의 습득에 힘써야 할 것이다.

시간적으로 얼마간 빨리 자유대련에 익숙해지고 시합요령을 어느 정도 파악했어도, 어떻든 묵묵히 착실하게 연습한 사람을 능가하기는 어렵다. 최근 시합에 이긴다는 것에 집착한 나머지 기본기의 진지한 단련에서 얻어지는 기백과 위력이 똑같이 떨어지고, 또 함부로 용맹스러움을 과시해, 공수도인으로서의 가장 소중한 예절마저도 잃어가고 있는 사람들을 간혹 볼 때마다 한편 서글픈 감정에 빠지곤 한다.

이런 생각에서 나의 45년 간에 걸친 공수도 수행의 경험을 충분히 살리고, 기본기를 분석하고, 체계화하고, 또한 사진을 위주로 복잡한 몸놀림을 쉽게 이해할 수 있을 만한 근대적인 텍스트를 동호인들에게 선물할 것을 생각해 왔다. 그 염원을 이룬 것이 「공수도 신교정(空手道新教程)」이다. 그런데 그것을 이번에 많은 동호인들의 요망에 부응하여 공수도의 전반이 보다 구체적으로, 보다 쉽게 익힐 수 있도록 다시 원고를 썼다. 동호인 여러분들의 욕구에 충족될 수 있기를 기대해 마지않는다.

著者 中山正敏

## ■ 공수도란?

- 승패를 궁극의 목적으로 삼는 무술이 아니라, 유형무형의 시련을 이겨내고 연마한 땀 속에서 인격완성을 꾀하려는 것이다.
- 도수공권(徒手空拳), 손과 다리를 조직적으로 단련하여 마치 무기와 같은 위력을 발휘시켜, 그 일돌일축(一突一蹴), 능히 불시의 적을 제압하는 호신술이다.
- 사지오체(四肢五体)를 전후·좌우·상하로 균등하게 움직이고, 또한 굽혀펴기·도약·평형 등의 모든 동작을 숙달하는 신체활동이다.
- 의지력에 의해 잘 제어된 기술을 사용하고, 정확하게 목표를 포착하여 순식간에 최대의 충격력을 폭발시켜서 기술을 서로 겨루는 격투기이다.(목표를 인체 급소의 바로 앞에 가정한다.)

## ■ 공수도 기술의 본질

　공수도 기술의 본질은 기술을 끝내기하는 것이다. 적절한 기술을 목표로 삼는 부위로, 최단시간에 최대한의 충격력으로 폭발시키는 것이며, 이것을 끝내기라고 한다. 옛날에는 무시무시한 표현으로 일권필살(一拳必殺)이라는 말로 쓰였다. 진지하게 볏짚 묶음을 상대로, 단련에 이은 단련의 매일이었다. 끝내기는 지르기·치기·차기는 말할 것 없고, 막기에도 빼놓을 수 없는 요소이다. 끝내기가 없는 기술은 아무리 움직임이 공수와 비슷해도 절대로 공수라고는 할 수 없다. 공수의 시합에서도 예외가 아니다.

　바로 앞 그치기(寸前中止)라는 말이 있다. 목표 바로 앞에서 기술을 그친다는 뜻이다. 겨루기의 시합에서는 대전(対戦) 상대에게 맞히는 것은 위험 방지를 위해 반칙으로 삼고 있다. 하지만 여기에 문제가 있다. 그친다는 것과 끝내기한다는 것은 매우 달라서, 하늘과 땅만큼의 차이가 있다. 목표 직전에서 단지 기술의 움직임을 그치면 되는 것이라면 공수의 본질에서 벗어난다. 목표 바로 앞에서 그친다는 생각이 아니라, 목표를 육체의 급소 바로 앞에 설정하고, 거기에 컨트롤 좋게 최대의 충격력을 폭발시켜서 포인트를 얻어 승패를 겨루는 것이다.

그러기 위해서는 평소의 진지한 수련과 단련이 중요해, 신체의 전부를 무기화하고, 각각의 무기를 뜻대로 움직일 수 있게 하는 자기제어가 필요하며, 남에게 이기기 전에 자기를 이기는 것이 중요하다.

미국 건국 200년기념 친선시합 (1976년)

I.A.K.F. 제2회 세계선수권대회, 영국 팀 (1977년)

# 1
# 허 리

## 힘의 원동력은 허리에 있고──허리에서 막고, 허리에서부터 공격한다

공수의 '끝내기' 수는 폭발적인 위력을 지니고 있다. 그 힘은 몸통의 동작, 특히 상체와 같이 돌리는 회전에 의해 생겨난다. 허리는 수평을 유지하면서 스무드하게, 그나마 빨리 회전시키는 것은 어느 스포츠에 있어서도 중요한 일이다. 야구의 투타(投打), 포환던지기, 골프의 스윙, 공수의 지르기나 치기도 단지 팔을 굽혀 펴는 것만으로는 아무리 힘을 주더라도 유효한 기술이 되지 않는다. 허리에서 등뼈로, 등뼈에서 어깨로, 다시 회전운동이 연쇄적으로 전달된다. 마치 등뼈가 샤프트(회전축)의 작용을 하고 있듯이. 한편 허리의 회전시동과 동시에 자동적으로 팔이 내밀어지고, 허리·등뼈·어깨로 전해진 회전력이 다시 팔에서 손으로 가속도로 붙어, 운동량이 증대해 대단한 기세로 그 주먹이 목표에 격돌한다.

동작의 아름다움은 모두 이치에 맞는데서 생겨난다(花衣流 사범　花衣蝶二郞)

무라카미(村上隆)의 스윙. 머리와 허리가 한 곳에서 팽이처럼 회전하고 있는 이상적인 폼 (講談社 「골드」에서)

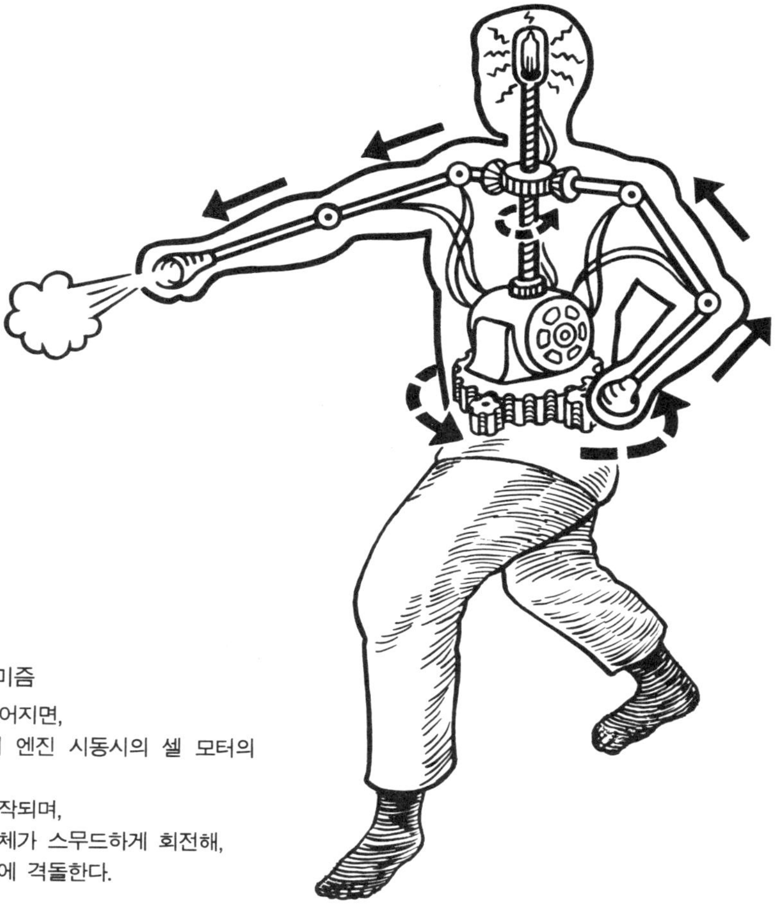

■ 지르기의 다이내미즘
① 뇌에서 지령이 떨어지면,
② 당기는 손은 마치 엔진 시동시의 셀 모터의 역할이 되고,
③ 허리의 회전이 시작되며,
④ 그것에 따라서 상체가 스무드하게 회전해,
⑤ 지르기 팔이 목표에 격돌한다.

왕(王) 선수의 스윙. 허리 중심의 스무드한 회전운동을 주목해 주기 바란다

제 1 장 허리 17

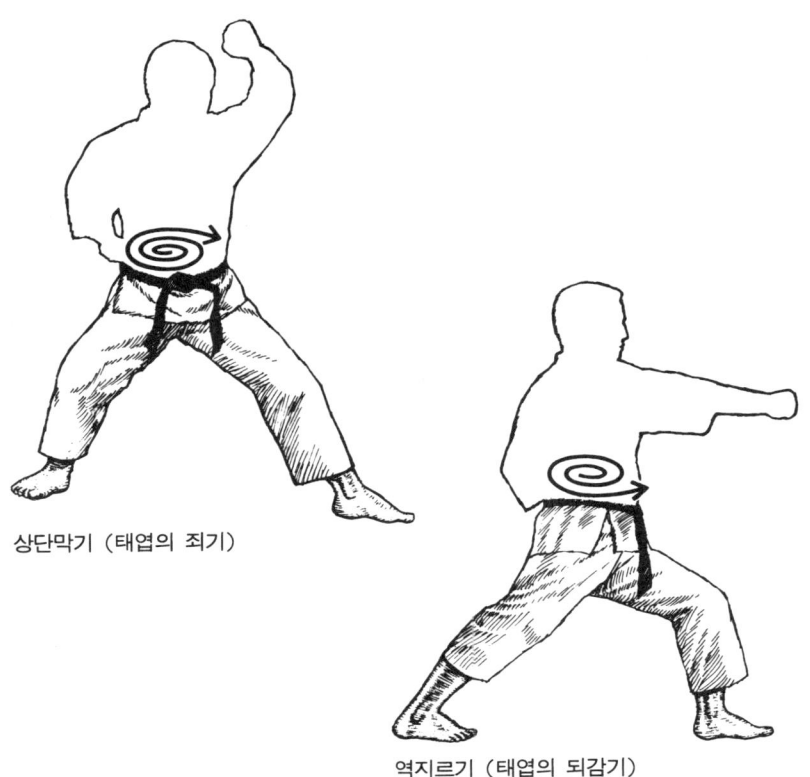

상단막기 (태엽의 죄기)

역지르기 (태엽의 되감기)

허리의 회전 : 허리의 회전은, 기본적으로는 크고 빨리 돌리는 연습이 필요하고, 숙달하는 것에 따라 차츰 작고 날카롭게 돌린다고 하기보다는 허리를 날카롭게 꺾는 느낌을 파악하는 일이 중요하다. 빠르고 강한 큰 기술이나, 고속으로 날카로운 잔 기술도 때에 따라 같은 요령으로 가려 쓸 수 있도록 연습을 쌓지 않으면 안 된다. 그러나 처음에는 규격에 맞고, 코스가 정확하고 크고 빠른 강한 큰 기술을 터득할 필요가 있다. 허리의 회전속도가 빠르면 빠를수록 기술은 속도가 빨라지게 된다. 날카로운 끝내기가 있는 기술을 걸기 위해서는 허리의 회전을 충분히 활용하는 것인데, 이것은 태엽 되감기의 원리와 같은 것으로, 세게 죄면 죌수록 되감기의 기세도 강해진다. 허리의 회전(半身)으로 받아 태엽의 죄기＝허리의 역회전(正처)으로 지른다＝태엽 되감기. 당기는 손→허리 회전(막기)→허리 역회전→(지르기)

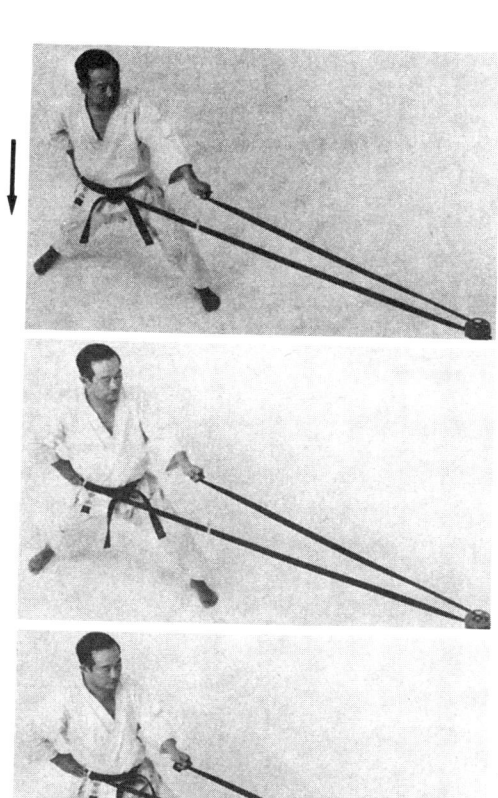

당기는 손과 허리의 회전과의 관계

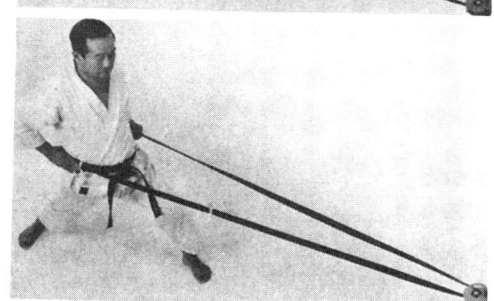

똑같은 위치에서 행한다. 허리의 회전에 어깨의 회전이 따르도록 한다. 어깨와 허리는 평행.

허리 회전의 포인트:
① 허리는 마룻바닥과 평행으로 스무드, 스피디하게 회전시킨다.
② 허리의 위치는 어긋나지 않도록 늘 똑같은 위치에서.
③ 어깨만 돌리지 말고, 허리의 회전에 따라 상체를 스무드하게.
④ 상체는 늘 직립, 둔부를 뒤로 당기거나 내밀면 안 된다.

허리 회전의 연습법 : 준비자세→반신자세→정면 향하기 자세→반신자세의 순으로 반복한다.

1) 준비자세 : 정면을 향하여 전굴자세가 되고, 두 손바닥을 양허리에 댄다. 이 때 상체를 직립시켜, 손바닥의 엄지손가락으로 허리뼈를 앞으로 밀어올리듯이 누른다.
2) 반신자세 : 전굴자세인 채 허리를 45도의 각도로 비스듬히 옆쪽으로 강하게 회전한다. 상체는 허리의 움직임에 맞춰서 돌리고 반신자세가 된다.
3) 정면 향하기 자세 : 상체를 흩뜨리지 않고, 수평으로 스무드하게 허리를 회전하여 정면을 향한다. 회전 종료와 동시에 힘을 충실시킨다. 이 때 뒷다리는 마음껏 버틴다.
4) 반신자세 : 힘 빼고, 조용히 느릿하게 반신자세로 되돌아간다.

허리의 연속 회전 : 기술을 실제로 사용할 때, 막기에서 지르기, 지르기에서 막기, 다시 지르기로 변화할 경우에는 허리를 연속해서 회전할 일이 필요하게 된다. 허리를 연속 회전시켜 정면 향하기→비스듬히 향하기→정면 향하기→비스듬히 향하기로 바꾸기 위해서는, 앞에서 말한 것처럼, 나사를 잔뜩 감게 되면 자연히 되감겨지는 느낌으로 연속해서 회전동작을 계속해 갈 수 있는 것이다. 그러기 위해서는 옆구리의 근육에 긴장감을 듬뿍 줄 필요가 있다. 옆구리의 긴장감이 극도로 높여지게 되면, 그것에 의해 허리는 자연히 되감기기의 상태로 들어간다.

순회전의 이용　역지르기

허리의 순회전과 역회전의 이용 : 기술을 걸 때, 허리의 순회전을
　이용하는 경우와 역회전을 이용하는 경우가 있다.
　순회전(順回轉) : 허리의 회전 방향과 기술을 거는 방향이 같을 경우에
　　이용되는 것이 순회전이다. 허리가 좌회전하는 것에 따라 오른주먹이
　　튀어나가 바로지르기, 돌려지르기, 갈고리지르기가 되고, 또 허리의
　　우회전에 따라 왼팔로 띠워막기, 바깥닥기가 되는 것이다.

역회전의 이용

역회전(逆回転) : 원칙으로는 하단막기, 중단팔막기, 수도막기 등일 경우 허리의 역회전을 이용한다.

허리가 우회전했을 때 기술은 반대 방향, 즉 왼쪽 방향으로.

순회전 이용일 경우나 역회전 이용일 경우도 그 기술의 효과에는 전혀 변함이 없다.

실제의 대련에서는 하단막기, 중단팔막기, 수도막기라도 순회전을 이용하는 경우가 있다. 주로 잘 다루고, 상대의 품으로 들어가면서 막을 경우 등이다.

제 1 장 허리

반신(半身)과 역반신(逆半身): 전굴자세 등에서 정면에 정대(正対)하고 있는 상체를, 허리와 같이 돌려서 비스듬한 향하기가 된 자세를 반신의 자세라고 하고, 자세나 막을 때 사용하는 유효한 폼이다.

앞다리쪽의 허리가 앞에 나와 있는 것을 반신이라고 하고, 뒷다리쪽의 허리가 앞에 나와 있는 것을 역반신이라고 한다.

반신일 경우: 기술을 거는 쪽의 허리, 즉 왼쪽 바깥막기(左外受)이면 왼쪽 허리는 자칫하면 뒤로 당겨져, 상체가 앞기울기가 되기 쉬우므로, 왼쪽 허리는 앞으로 밀어올리는 것 같은 느낌을 파악하는 것이 중요하다.

역반신일 경우: 기술을 거는 쪽의 허리, 즉 오른 안쪽막기(右内受)라면 뒷다리쪽의 오른쪽 허리를 충분히 돌려 앞으로 밀어올리는 느낌을 파악하는 것이 중요하다. 반신과 달리 역반신일 경우, 앞뒤로 벌린 두 발은 자연히 안쪽으로 힘껏 당겨지듯 약간 좁은 스탠스가 된다.

반신 　　　　　　　　　　역반신

왼쪽 허리를 앞으로 낚아올리는 느낌　　오른쪽 허리를 앞으로 낚아올리는 느낌

반신 　　　　　　　　　　역반신

제 1 장　허리　27

허리의 밀어내기 : 허리의 회전과 같이, 허리 밀어내기는 힘의 원동력에 큰 역할을 하고 있다. 상대에게 반격의 여유를 주지 않고, 적극적으로 쳐들어 가려고 하는 경우에 허리 밀어내기의 적부(適否)가 성공에의 큰 포인트가 되는 것이다.

허리의 밀어내기라고 하는 것은, 앞다리를 버팀다리로서 상체와 같이 뒷발로 당겨, 일단 체중을 받친 버팀다리는 발바닥으로 마룻바닥을 세게 뒤로 누르고, 상체를 앞에 밀어주는 동작을 말한다. 그것은 마치 제트기의 로켓 분사(噴射)처럼 전진한다.

몸의 전진이라고 하는 것은 바로 서 있는 상체를 얹은 허리를 이동시키는 것이며, 이동의 원동력은 버팀다리의 뒤쪽 비스듬한 밑으로의 강한 누르기이다. 허리의 밀어내기는 단지 앞다리를 내딛는 것이 아니라, 뒷다리로 뒤쪽 비스듬한 밑의 마룻바닥을 세게 누르고, 거기에 생기는 반작용 수평분력을 이용함으로써 올바르게 행하여진다는 것을 잊어서는 안 된다.

뒤쪽 비스듬한 밑으로 마룻바닥을 밀어서 누를 목적으로 하지(下肢)를 신전(伸展)시키자면 고관절(股關節)을 대둔근(大臀筋)이, 무릎관절을 대퇴 앞쪽의 대퇴사두근(大腿四頭筋)이, 발관절을 하퇴(下腿) 뒤쪽의 비목어근(比目魚筋)·비복근(腓腹筋)이 각각 작용하고 있다. 그리고 허리에 집약된 등뼈를 통해 어깨로, 어깨에서 팔로 전해지는 것인데, 그 때문에 허리와 상체(골반과 등뼈)는 강하게 이어져 고정되지 않으면 안 된다. 따라서 복근(腹筋)의 긴장이 중요하고, 그와 더불어서 등뼈 주위의 배근(背筋)도 긴장시키지 않으면 안 된다. 만약 복근의 죄기가 약하면 허리와 상체는 흐물흐물해져서, 모처럼 허리에 집약된 힘이 상지(上肢)에 전해지지 않아, 질렀을 때의 힘은 극단으로 약해지고 만다.

바로지르기 등에서, 허리의 회전력과 기동력을 합쳐서 이용하는 경우 큰 운동량이 얻어져, 대단히 효과 있는 위력을 발휘하게 되는 것이다. 비스듬한 뒤쪽으로 후굴자세가 되는 경우도 마찬가지이다. 한쪽의 발을 축이 되게 하여 비스듬한 앞쪽으로 세게 마룻바닥을 밀면 그 반작용에 의해 상체는 허리와 같이 비스듬한 뒤쪽으로 이동한다.

이와 같이, 몸을 이동하려고 하는 방향과 반대로, 축이 되는 다리를 세게 버티면 마룻바닥을 밀고, 그 반작용으로 허리(상체는 바로 선 상태인 채)를 밀어내어 이동시키는 것이 요령이다.

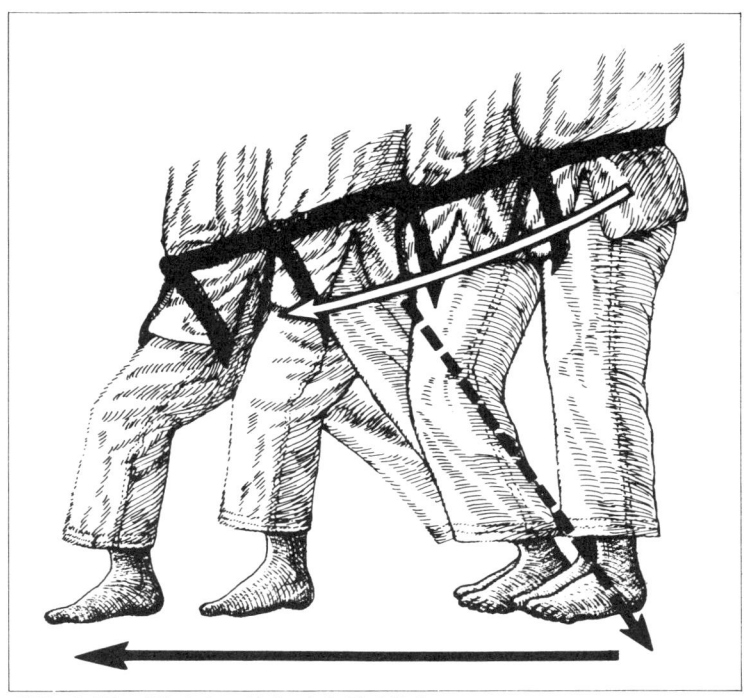

왼쪽 다리를 버팀다리로 삼아 허리 밀어내기

제 1 장 허리

허리 밀어내기의 포인트 :
① 전진할 때 일단 무게 중심을 앞으로 옮기고, 체중을 버팀다리로 받친다. 버팀다리는 이것에 응하도록 무릎을 굽혀 강인함과 탄력을 준다.
② 이동하는 다리는 상체와 같이 버팀다리로 당겨진다.
③ 버팀다리는 발바닥 전체로 마룻바닥에 밀착하고, 이동하는 다리는 발바닥 전체를 약간 띄울 듯하게 버팀다리의 안쪽 끝에 가볍게 닿을 듯이 나란히 한다.
④ 이어서, 버팀다리의 무릎을 펴서 뒤쪽 비스듬한 밑을 강하게 차는 것 같은 기분으로 마룻바닥을 세게 누르고, 그 반작용을 이용하여 허리를 앞쪽으로 재빨리 밀어낸다(상체는 바로 세워 앞기울이기가 되지 않도록). 동시에 이동하는 다리를 한 걸음 앞으로 내보낸다.
⑤ 이동하는 다리는 크게 앞쪽으로 문질러내고, 정지할 때 전굴자세가 되어 대퇴·하퇴, 모든 길항근군(拮抗筋群)을 순간에 강하게 긴장시킨다. 이 이동하는 다리는 다음 기술을 위한 중요한 버팀다리가 된다.
⑥ 이동하는 다리는 안쪽으로 반원을 그리면서 한걸음 앞으로 문질러낸다. 이 때 마룻바닥과 발바닥 사이에 얇은 종이 한 장을 끼운 기분으로, 평행으로 가볍게 문질러낸다.
⑦ 허리의 높이는 늘 일정하게 하고, 무게 중심의 이동방향을 바꾸지 말 것. 이동하는 동안 어떤 변화에 허리가 위아래로 움직이면 힘의 방향이 정해지지 않고 안정을 잃는다.
⑧ 이동하는 동안은 어떤 변화에도 응할 수 있도록 아랫배에 단단히 힘을 주고, 상체는 올바르게 허리 위에 바로 세우는 것이 필요하다.

허리의 높이와 늘 일정하게

좋지 않은 예

제 1 장 허리

허리의 밀어내기 연습법 :
① 정면을 향하고 발모아서기(閉足立)가 되어 두 손바닥을 양허리에 댄다. 양쪽 팔꿈치는 양쪽에 뻗고, 엄지손가락을 등뼈의 뒤쪽으로 돌린다. 어깨는 힘을 빼고, 하복부에 약간 힘을 주어 가슴을 펴서, 엄지손가락으로 골반을 앞으로 밀어올리는 듯한 기분으로. 두 무릎에 가능한 한 탄력을 준다.
② 왼쪽 다리의 무릎을 뻗어 뒤쪽 비스듬한 밑으로 버티고 발바닥을 세게 마룻바닥에 밀어붙인다. 그와 동시에 두 손바닥에 힘을 주고, 골반을 단단히 앞으로 밀어낸다.
③ 허리를 앞으로 밀어내는 것과 같이 오른발을 가볍게 문질러 내어 한걸음 전진한다.
④ 오른쪽 무릎을 충분히 굽혀 정지하고, 정면 향하기인 채 우전굴자세가 된다. →

발모아서기에서의 허리 밀어내기

→
⑤ 오른발을 제자리로 돌려 발모아서기로 바꾼다.
⑥ 왼발을 문질러내면서 한걸음 전진한다.
⑦ 그 자리에서 위의 동작을 반복해서 연습한다.

# 이런 일은 없습니까? ──조심하고 싶은 일 이것저것──

● **상체가 앞기울기하지 않습니까?**
  정면 향하기일 때는 양허리에 대고 있는 손바닥, 특히 뒤로 돌리고 엄지손가락으로 허리뼈를 앞으로 밀어올리듯이 누른다. 반신자세일 때 앞의 허리가 들어가고 상체가 앞으로 고꾸라지는 것을 교정하는 것도 같은 요령으로, 뒤의 허리에 대고 있는 손바닥으로 허리뼈를 앞으로 밀어올리도록 한다.

● **허리의 회전보다 어깨쪽이 너무 빨리 돌지 않습니까?**
  아랫배를 죄고, 특히 복직근(腹直筋)·측복근(側腹筋)을 긴장시킨다. 흉곽과 골반을 세게 연결하여 상체가 마치 한 장의 판자처럼 되며, 저절로 어깨가 돌아가지 않게 된다.

● **발뒤꿈치가 떠 있지는 않습니까?**
  뒷발의 무릎이 낮아지고, 발뒤꿈치가 떠오르면 허리의 회전을 충분히 행할 수 없다. 무릎은 마음껏 펴고, 뒷다리 전부를 밀어 펴는 느낌이 되게 하면 좋다.
  앞발에 체중이 치우쳐서 뒷발의 발뒤꿈치가 뜨면, 상대에게 다리후리기를 당했을 때 즉시 넘어지고 만다. 발바닥 전체를 마룻바닥에 밀어붙이도록 하는 것이 중요하다.

● **허리의 위치가 빗나가지 않습니까?**
  회전에 따라 허리의 위치가 빗나가, 위아래로 움직이는 것을 흔히 보게 된다. 하지(下肢)를 강인하게 하고, 무릎과 발목을 단단히 죄어 움직이지 않도록 한다. 특히 앞무릎을 움직이지 않도록 한다.

● **뒷다리의 버티기가 되지 않고, 어깨로 몸을 당기지는 않습니까?**
  이와 같은 자세로 기술을 걸어도, 하반신의 안정이 좋지 않기 때문에 힘이 없는 약한 기술이 된다. 발목을 죄어 마음껏 무릎을 펴고 허리를 세게 밀어내도록 한다.

● **다리만으로 전진하고 있지 않습니까?**
  상체가 따르지 않는 전진은 기술이 늘지 않을 뿐만 아니라, 다리·허리·지르기가 동시에 끝내기가 되지 않으므로 효과가 적다. 허리를 가능한 한 빨리 이동시켜 동시에 끝내기할 수 있도록 해야 한다.

제 1 장 허리

I.A.K.F. 제1회 선수권대회 (콜롬비아 팀, 1975년)

I.A.K.F. 제1회 선수권대회 (트리니다드바고 팀, 1975년)

## 2
## 서기 자세

# 강한 타격은 견확(堅確)한 서기자세에서 생겨난다

  공방을 위해 여러 가지 기술을 걸 때, 자신의 자세가 일정한 밸런스를 유지하고 안정해 있지 않으면 모처럼의 기술도 효과가 약해지고 만다. 임기응변에 따르면서도 밸런스를 흩뜨리지 않기 위해서는 필연적으로 합리성 있는 자세가 요구된다.

  공수도에 있어서, 특히 '서기 자세'라고 할 경우에는 주로 하지체(下肢体)의 형(形)이며, 각각의 기술이 정확히, 최대한의 속도로 원활하고도 힘차게, 가장 효과적으로 그 위력이 발휘되기 위한 최적(最適)한 형이어야 한다. 그와 동시에 상체는 등뼈가 마룻바닥에 바로 서도록 허리의 위에 올바르게 얹혀 있어야 한다. 강한 효과적인 타격은 견확하고 강인한 서기자세에서 생겨나는데, 그것은 기술을 건 순간뿐이고, 서 있기만 해서는 다음 움직임의 자유를 제약받고 말기 때문에 특히 유의할 필요가 있다.

  초고층(超高層)의 건조물이라도 광대한 기초공사가 그 기반이 되는 것임을 명심해야 한다.

(촬영 / 村井吉直)

제2장 서기 자세

**훌륭**한 서기자세 : 올바른 서기자세를 기초로 삼아 전신의 자세가 멋진 안정과 조화를 이룬 가운데 통일되는 일이 필요하다. 즉 두 발, 두 다리, 몸통, 두 팔, 두 손이 조정되고, 동시에 협력해서 서로 의존해야만 비로소 뛰어난 기술이 된다.

정확하고 훌륭한 서기자세를 할 수 있어야 비로소 속도가 있는 강력한 기술을 걸 수 있다. 기술을 걸 때에는 미묘한 컨트롤이 요구되는데, 좋은 컨트롤도 합리적인 올바른 서기자세에서 도출되는 것이다.

① 기술을 거는 동안 밸런스를 취할 수 있도록 한다.
② 허리의 회전을 원활하게 할 수 있도록 한다.
③ 최대한의 속도로 기술을 쓸 수 있도록 한다.
④ 힘을 충분하게, 또 컨트롤을 쉽게 할 수 있도록 한다.
⑤ 공방의 기술을 거는 데에 필요한 근육이 원활하게 작용하고, 근육군(筋肉群)이 서로 협조할 수 있도록 한다. 따라서 어느 근육이 필요한가를 잘 알고 있어야 한다(卷末 筋肉圖 참조).

제 2 장  서기 자세

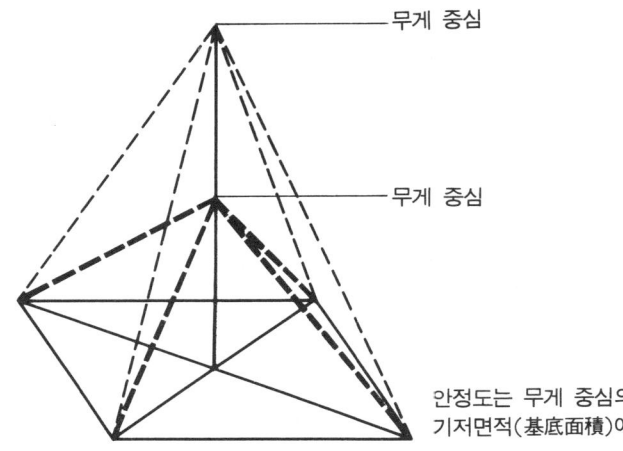

안정도는 무게 중심의 위치와
기저면적(基底面積)에 비례한다

서기자세와 안정 : 안정도의 대소(大小)는 기저면적의 크기에 비례한다. 즉 그 차지하는 기저면적을 비교해 보아도 반후굴자세보다 후굴자세쪽, 후굴자세보다 전굴자세쪽이 보다 큰 안정도를 얻을 수 있음을 알 수 있다. 같은 서기자세라면, 무게 중심의 위치가 높은 것보다 낮은 쪽이 보다 안정한 것도 당연하다.

강력한 기술을 걸었을 때의 큰 충격력의 반동에 견딜 수 있기 위해서는 허리를 낮게 떨어뜨린 형, 즉 기저면적이 크고, 그나마 탄력성을 가진 강인한 서기자세가 요구된다. 강인·견확성으로 말한다면 두 다리를 버티고, 두 발바닥을 각각 마룻바닥에 밀착시켜, 양쪽 내퇴(內腿)를 충분히 쥐어짤 수 있도록 기저면적이 넓은 부동자세·전굴자세·기마자세·가랑이 벌려 자세(四股立)는 안정도가 크다. 또 가령 기저면적은 좁아도 삼전자세쪽이 후굴자세·반후굴자세보다도 안정도가 높다.

왼다리로 서는 특수한 자세, 또는 찰 때의 버팀발은 바로서기 자세에서 두 개의 발바닥면에 둘러싸인 공간면적이 없고, 하나의 발바닥만의 실질면적밖에 없으므로 안정도는 극히 작다고 하지 않을 수 없다. 중요한 것은 어느 서기자세는 어떻다, 이렇다 하고 비교하는 것보다 각각의 효과를 충분히 살려서 가려 쓴다는 것이 중요해, 그 단련에 있어서도 안정하다는 것을 늘 염두에 두지 않으면 안 된다.

견확한 서기자세를 하기 위해서는 홍문과 배꼽을 잇는 선을 가능한 한 짧게 하는 것 같은 기분이 필요하다.

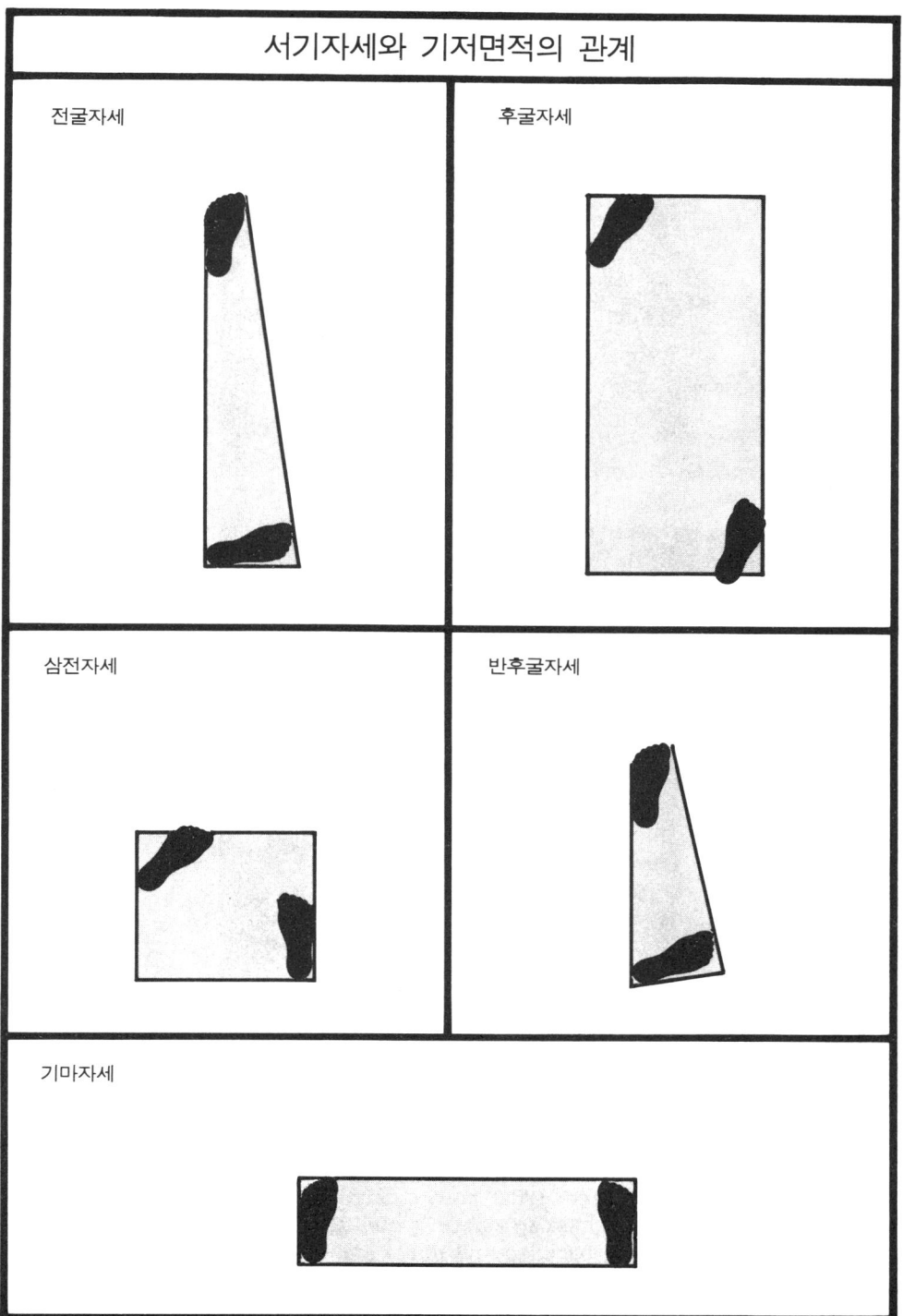

　　서기자세의 분류 : 서기자세는 무릎의 사용법에 의해 두 종류로
　　분류된다. 하나는 두 무릎을 무게 중심 연직선(鉛直線)을 중심으
　　로 하여 바깥쪽으로 세게 뻗는 것으로, 기마자세·부동자세·전
　　굴자세·가랑이 벌려 자세·후굴자세의 뒷다리 등이 그것이다.
　　또 하나는 두 무릎을 무게 중심 연직선으로 향하게 하여 안쪽
　　으로 죄는 것으로, 삼전자세·반월자세 등이 그것이다.

① 하복부(丹田)를 중심으로 하여 바깥쪽으로 뻗는다

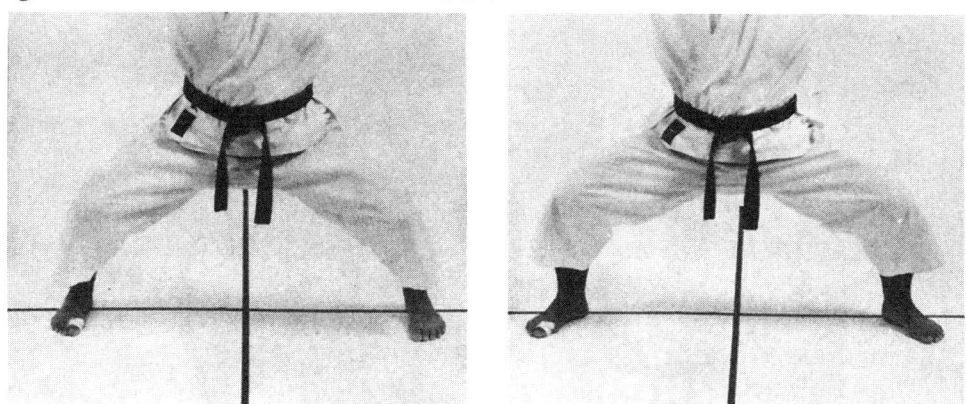

② 하복부(丹田)로 돌려서 안쪽으로 쥐어짠다

제 2 장 서기 자세

서기자세에서 특히 유의할 점 :
1) 무릎을 뻗는 법
    힘의 방향은 두 무릎을 잇는 연장선으로. 세게 뻗을 것.
    (기마자세 · 부동자세 · 전굴자세)

2) 무릎과 발끝은 동일 방향을 향하도록
  어느 서기자세에 있어서도 무릎과 발끝의 방향이 동일 방향을 향하는 것이 올바르다.

3) 무릎과 발목은 충분히 굽혀 세게 죈다
   견확한 서기자세는 무릎과 발목을 충분히 활용하는 일에서부
   터 생겨난다.

마치 발바닥에 흡반(吸盤)이 있는 것처럼 마룻바닥에 달라붙는다

4) 발바닥은 마룻바닥에 밀착시키도록 한다
 발바닥 전체로 마룻바닥에 단단히 달라붙은 것 같은 기분이 필요하다.

서기자세와 허리의 높이: 어떤 서기자세에 있어서도 허리의 높이는 기준적으로는 변하지 않도록 힘쓰고, 체형(体型)에 맞는 허리의 높이를 터득하는 것이 중요하다.

제 2 장 서기 자세

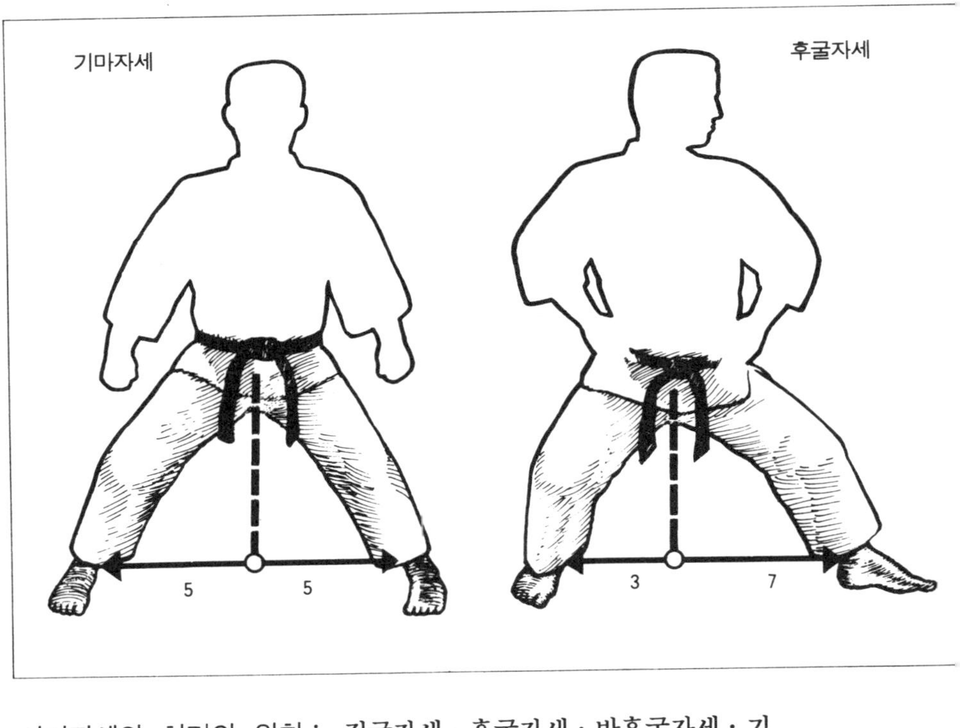

서기자세와 허리의 위치 : 전굴자세·후굴자세·반후굴자세·기마자세·삼전자세 등 각각의 서기자세와 허리의 위치를 정확히 구별한다.

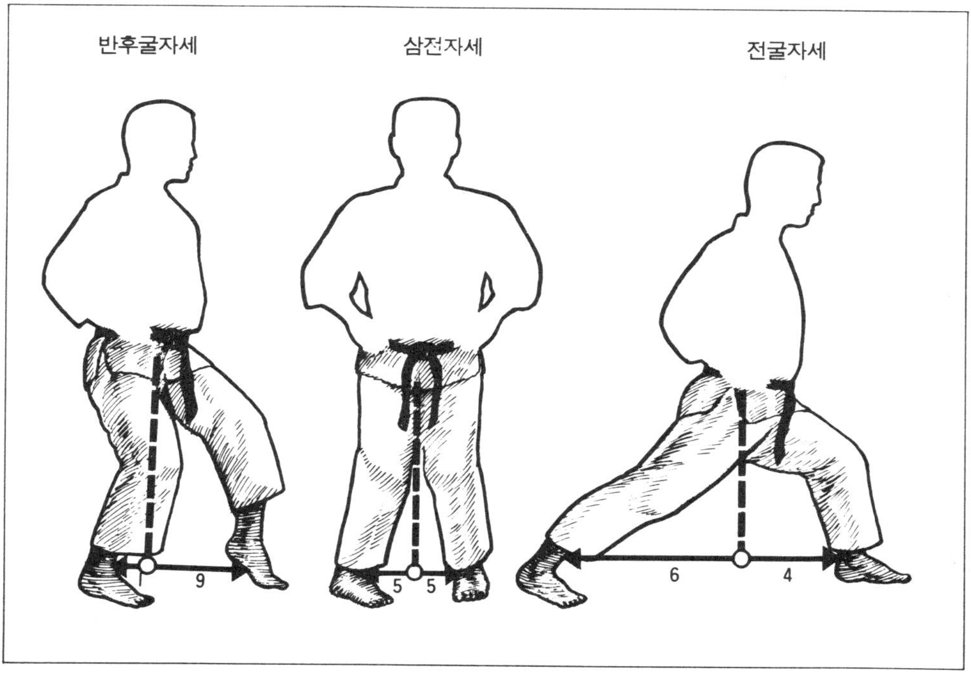

| 반후굴자세 | 삼전자세 | 전굴자세 |

제 2 장  서기 자세

1)

서기자세와 기술의 관계 : 서기자세는 목적에 따라 달라진다. 공방의 기술에 적합한 자세를 연습에 의해 터득해야 한다.
1) 전굴자세
   힘을 정면으로 작용할 때에 사용하면 효과가 있다.
2) 기마자세・가랑이 벌려 자세
   좁은 길 같은 데서 양측면으로부터의 두 사람 공격에 대해 대응할 경우에 사용하면 효과가 있다.
3) 후굴자세・반후굴자세
   뒤쪽으로 물러나면서 막을 때에 사용한다. 상대의 공격을 사정(射程)거리로부터 상체를 안전한 곳으로 옮기면, 기술을 걸거나 막거나 할 경우 등에 사용하면 효과가 있다.
4) 교차서기자세
   상대의 품안에 뛰어들거나, 높이 도약한 후 착지할 경우 등에 사용한다. 착지할 때는 두 발에 체중을 얹지 말고, 반드시 외발 체중이 되는 것이 특징. 외다리로 서고, 다른 발은 버팀다리의 발뒤꿈치 뒤쪽에서 교차시키거나, 버팀다리의 발목 앞에 교차시켜서 밸런스를 잡는 역할을 한다.
   형의 평안4단(平安四段)・13거동(拳動), 평안5단・19거동, 철기초단・1거동, 21거동, 발새(拔塞)・1거동, 연비(燕飛)・7거동 등이 그것이다.

2)

3)

4)

제 2 장 서기 자세 55

서기자세의 종합연습법 :
① 자연체(自然体)에서
② 왼발을 한 발 앞으로 문질러내어서→좌 전굴자세
③ 왼발을 되돌려서→자연체
④ 오른발을 한 발 앞으로 문질러내어서→우 전굴자세
⑤ 오른발을 되돌려서→자연체
⑥ 왼발을 옆으로 한 발 문질러내어서→기마자세
⑦ 왼발을 되돌려서→자연체
⑧ 오른발을 옆으로 한 발 문질러내어서→기마자세
⑨ 오른발을 되돌려서→자연체
⑩ 왼발을 한 발 뒤쪽으로 끌어당겨서→좌 후굴자세
⑪ 왼발을 되돌려서→자연체
⑫ 오른발을 뒤쪽으로 당겨서→우 후굴자세
⑬ 오른발을 되돌려서→자연체
⑭ 오른발을 한 발 뒤쪽으로 당겨서→좌 전굴자세
⑮ 오른발을 되돌려서→자연체
⑯ 왼발을 한 발 뒤쪽으로 당겨서→우 전굴자세
⑰ 왼발을 되돌려서→자연체

## 서기자세의 종합연습

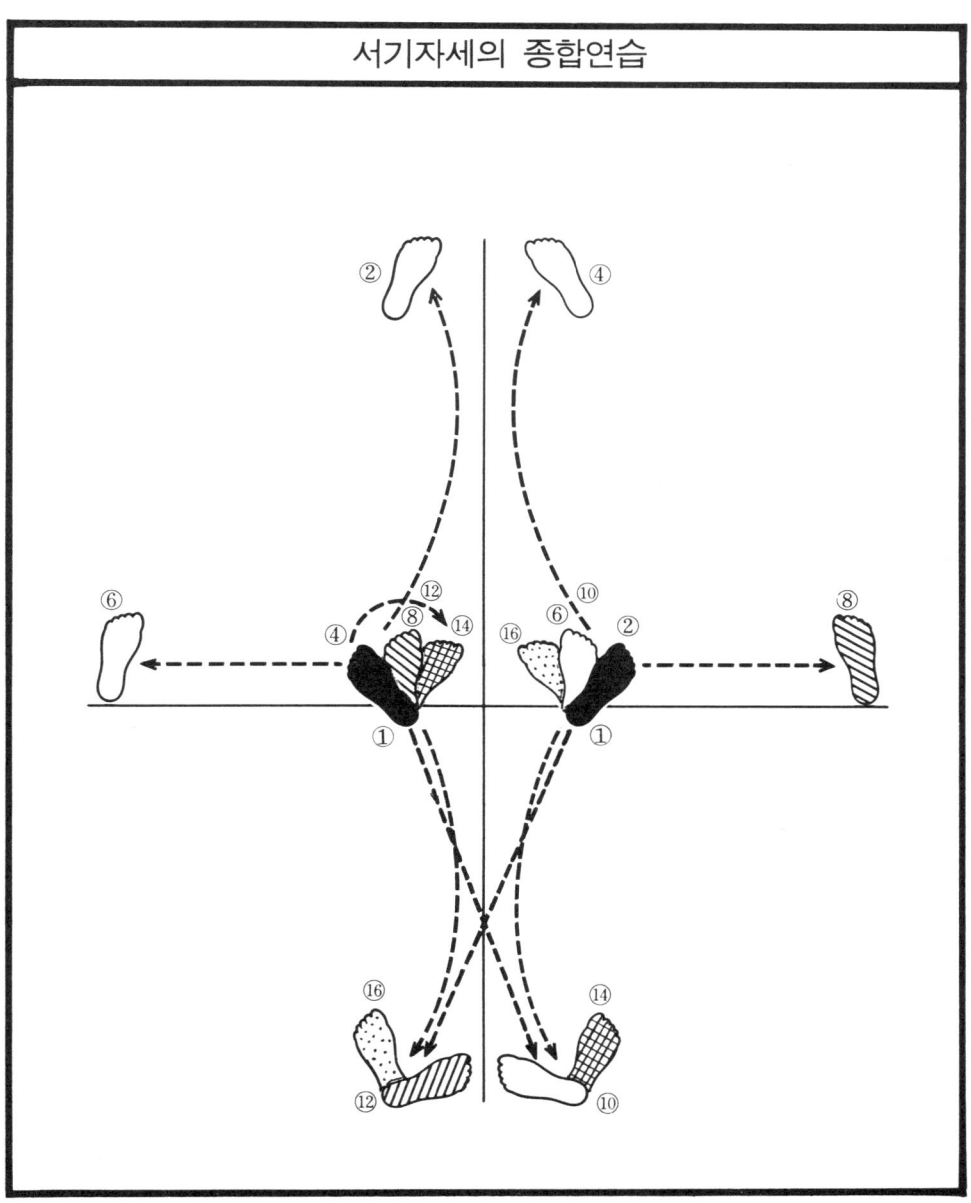

제 2 장  서기 자세

## 이런 일은 없습니까? ——조심하고 싶은 일 이것저것——

●둔부를 뒤로 당기고 있지 않습니까?
　무게 중심을 낮게 하는 것은 좋으나, 둔부를 뒤로 당겨서는 엉거주춤한 자세가 되고 말아 안정을 잃어버리게 된다.

●형에 얽매어 있지 않습니까?
　형에만 얽매이게 되는 것은 훌륭한 서기자세라고 할 수 없다. 내퇴(內腿)의 모든 근육을 긴장시켜 단단히 죄는 일이 중요하다.

●허리가 흔들리고 있지 않습니까?
　어떤 서기에 있어서도 허리는 늘 일정한 위치를 유지하고, 굽힌 무릎에 힘은 느슨하지 않도록 한다.

●발목의 죄이기를 잊고 있지 않습니까?
　발목은 충분히 굽혀 꽉 죄일 것. 덜 죄어진 서기는 힘을 못 쓴다.

●발뒤꿈치를 띄우고 있지 않습니까?
　발뒤꿈치는 늘 마룻바닥에 밀착시키는 일이 중요하며, 발뒤꿈치가 뜨면 안정을 잃은 허약한 서기가 되고 만다.

●무릎과 발끝의 방향이 흐트러져 있지 않습니까?
무릎과 발끝의 방향이 흐트러지면 안정을 잃게 된다. 늘 동일한 방향이되도록 힘써야 한다.

제 2 장  서기 자세

이집트 (1977년)

# 3
## 몸의 이동

축이 되는 다리와 옮기는 발 : 전후·좌우로 이동하면서 기술을 걸 때는 그저 걷거나, 달리거나, 또 개구리처럼 뛰는 것이 아니라, 한 다리를 축이 되는 다리(起動力의 역할을 맡는다)를 삼아, 이동하는 반대방향으로 무릎을 세게 펴서 발바닥으로 마룻바닥을 힘껏 누르고, 그 반압(反压)을 이용하여 상체와 같이 허리를 밀어내는 것이다. 이 때 허리와 동시에 내딛는 다리를 움직이는 다리라고 하고, 발바닥으로 마룻바닥을 가볍게 문질러낸다. 이것을 옮기는 발(運足)이라고 한다. 전진할 때 뒤가 되는 다리가 축이 되는 다리(起動力)가 되고, 왼다리가 움직이는 다리가 된다. 이처럼 이동하는 경우에는 이동하고 싶은 방향과 반대가 되는 다리를 활용하고, 기동력으로 삼는 것이다. 이동할 때 축이 되는 다리와 움직이는 다리를 명확히 가려 쓴다.

축이 되는 다리는 강하고, 옮기는 발은 신속하고 가볍게 휙 문질러낸다. 발바닥은 마룻바닥과의 사이에 종이 한 장을 끼운 기분이라는 것이 달인의 기예이며, 늘 이처럼 할 수 있도록 연습을 쌓지 않으면 안 된다. 대련이나 형의 연무에서도 요란스럽게 떠들석한 것은 초심자나 하는 노릇이며, 정(靜)과 동(動)을 분명히 가려 쓰고, 아무리 심하게 움직여도, 또 높이 뛰어오르고 착지해도 소리를 내지 않을 뿐만 아니라, 기술을 매섭고 강하게 쓸 수 있는 것이 숙달된 사람이다. 또 뛰어들 때는 두꺼운 마룻바닥 판자도 밟아 깰 정도의 강함이 필요하다.

검도의 발 다루기 (講談社 「검도」에서)

양식화(樣式化)된 노(能)의 발 옮기기
(촬영 / 金子桂三)

제3장 몸의 이동

전진(前進): 전진은 한 다리를 축이 되게 하고, 무릎을 버터 발바닥(특히 발뒤꿈치 부분)으로 뒤쪽에다 세게 마룻바닥을 누르고, 반작용을 이용하여 반대의 방향, 즉 앞쪽에다 허리를 신속히 밀어내지만, 동시에 다른 발을 문질러낸다.

제3장 몸의 이동 65

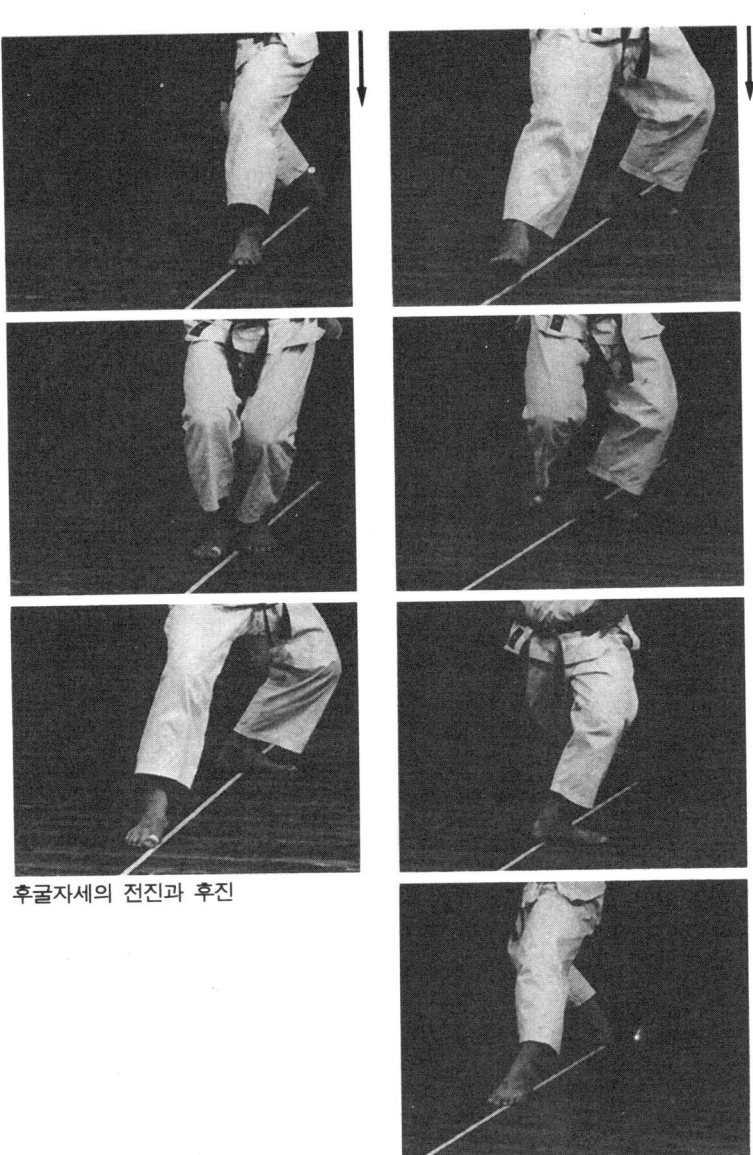

후굴자세의 전진과 후진

**후진(後進)**: 후진은 전굴자세의 뒷다리를 축으로 삼고, 우선 허리를 뒷다리의 발뒤꿈치로 세게 당기는 것 같은 기분으로 뒤쪽에다 옮기는 것과 동시에, 앞다리를 휙 하니 안쪽으로 작은 반원을 그리면서 뒤쪽으로 당긴다. 후진은 막기의 경우에 많이 쓰인다.

후굴자세의 후진

전굴자세의 후진

옆 이동 : 이동하는 방향의 반대측 다리를 축이 되게 하여, 마룻
바닥을 세게 밟고, 반작용을 이용하여 허리와 같이 움직이는 다
리를 옆으로 문질러낸다.

제3장 몸의 이동

① ②
내딛기

③ ④

내딛기(문질러내기)와 뛰어들기 : '내딛기'와 '뛰어들기'는 명확히 구별하여 가려 쓰는 것이 중요하다. 내딛기는 축이 되는 발을 세게 버티고, 허리를 수평으로 유지하면서 움직이는 발은 가볍게 문질러낸다. 뛰어들기는 축이 되는 다리를 중심으로 삼아, 한 무릎을 일단 높이 올리고, 발을 들어 발바닥 전체로 마룻바닥을 부술 기세로 세게 짓밟는다.

뛰어들기

제 3 장 몸의 이동 71

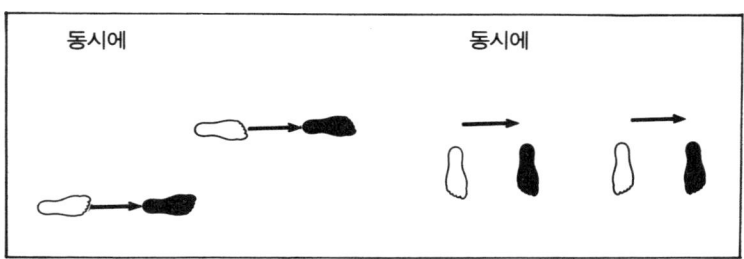

발모으기 : 서기나 상체는 그대로 두고, 전후·좌우로 두 발을 동시에 이동하는 것을 발모으기라고 한다.

이동하는 방향과 반대의 다리를 축이 되는 다리로 삼고 마룻바닥을 눌러 이동의 계기로 하고, 허리를 수평으로 전후·좌우로 밀어내는 것과 동시에 두 발을 함께 가볍게 재빨리 문질러낸다. 발모으기는 한 발 길이 정도의 이동이 한계로, 크게 이동하려고 하면 무리가 되어 자세가 흐트러지기 때문에 주의를 요한다.

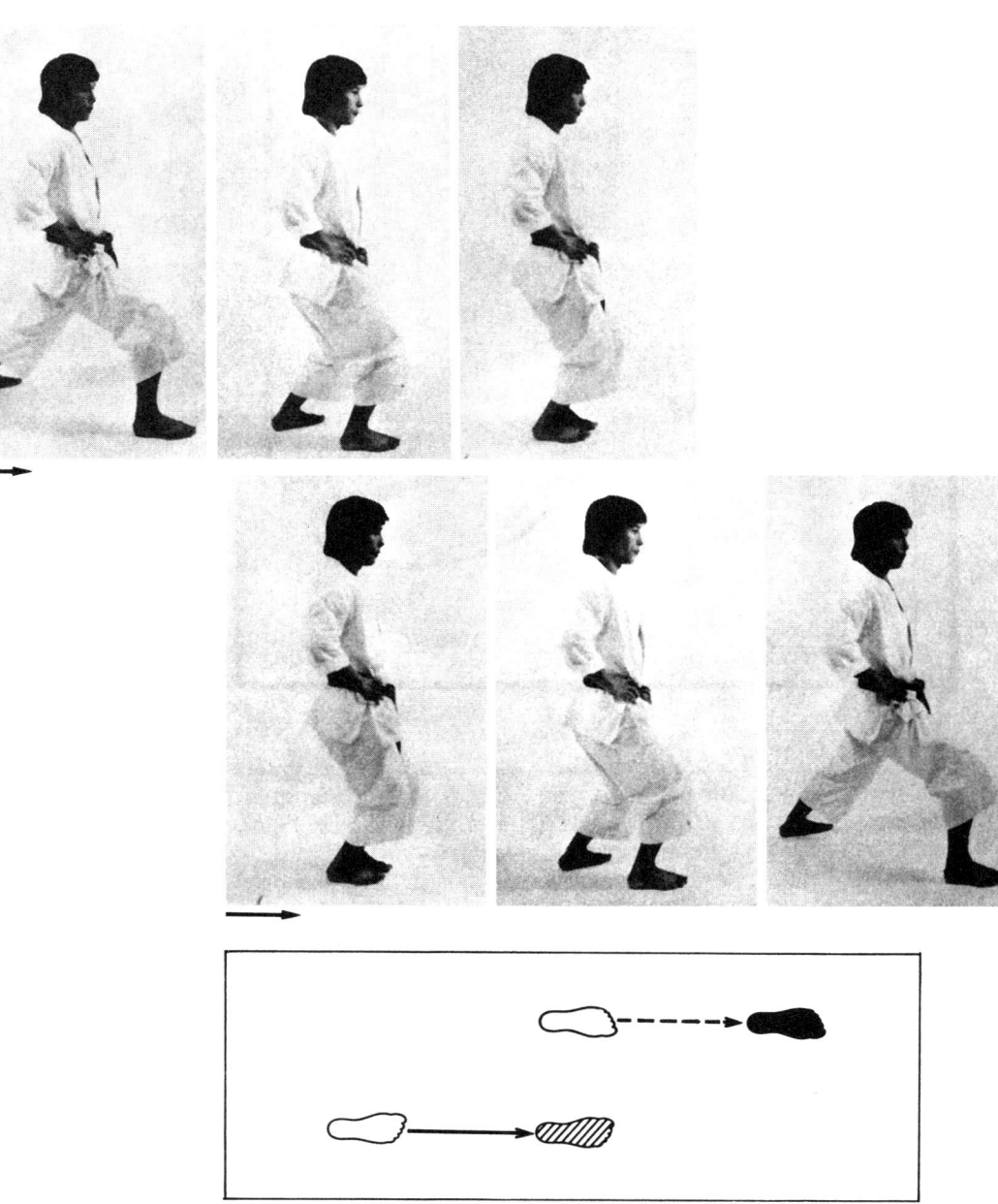

발잇기 : 축이 되는 다리의 발 옆으로 한 발을 끌어당겨 즉각 무게 중심을 옮기고, 축이 되는 다리를 바꿔 다른 다리를 내딛는 것을 발잇기라고 한다. 상대와의 간격을 신속히 좁혀 공격할 경우 등에 쓰인다.

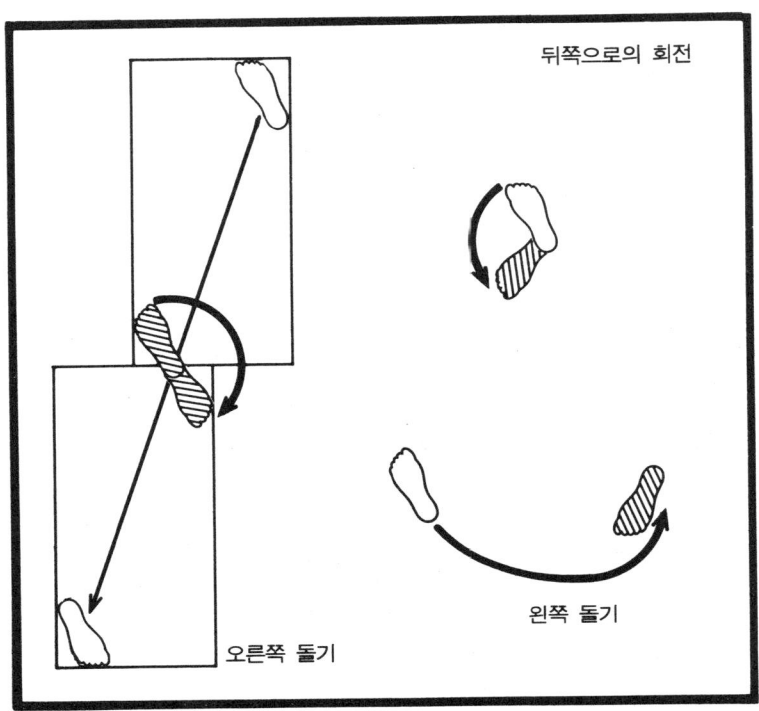

방향전환(転身): 방향전환이라고 해도, 단지 방향을 바꾸거나 돌아가는 것이 아니라, 때에 따라 신속히 방향을 전환하지 않으면 타이밍을 잃는다. 전환하기 위해서는 축이 되는 다리를 중심으로 허리를 매섭게 돌리고(자르는 것 같은 느낌으로), 방향을 바꾸면서 동시에 기술을 거는 일이 중요하다. 이 때 축이 되는 다리의 발바닥을 마룻바닥에 밀착시켜 발바닥 전체로 비트는 것 같은 기분이 중요하다. 매서운 허리의 염전(捻転)에 의한 급속한 전환이 없으면 상대의 공격에 잡히고 만다.

뒤쪽으로의 회전: 뒤쪽으로의 회전은 뒤의 축이 되는 다리를 중심으로 허리를 회전하여 뒤쪽으로 뒤돌아보지만, 이 때 허리를 축이 되는 뒷다리의 발뒤꿈치로 끌어당기는 느낌으로 돌면 허리는 수평으로 원활히 회전할 수 있으나, 그렇지 않으면 허리가 뜨고, 회전에 매서움을 잃는다.

특수한 전환: 상체는 그대로인 채 허리의 위치를 바꾸지 않고, 그 자리에서 전환하는 경우가 있다. 평안2단·관공·발새 등에 포함되는 거동이 그것이다. 뒷발 반 걸음, 허리 아래로 끌어당겨, 머리·허리·발을 잇는 한 가닥의 축선(軸線)을 만들고, 팽이처럼 축을 중심으로 허리를 상체와 같이 급속히 돌려 몸의 방향을 바꾼다.

특수한 전환

제 3 장  몸의 이동

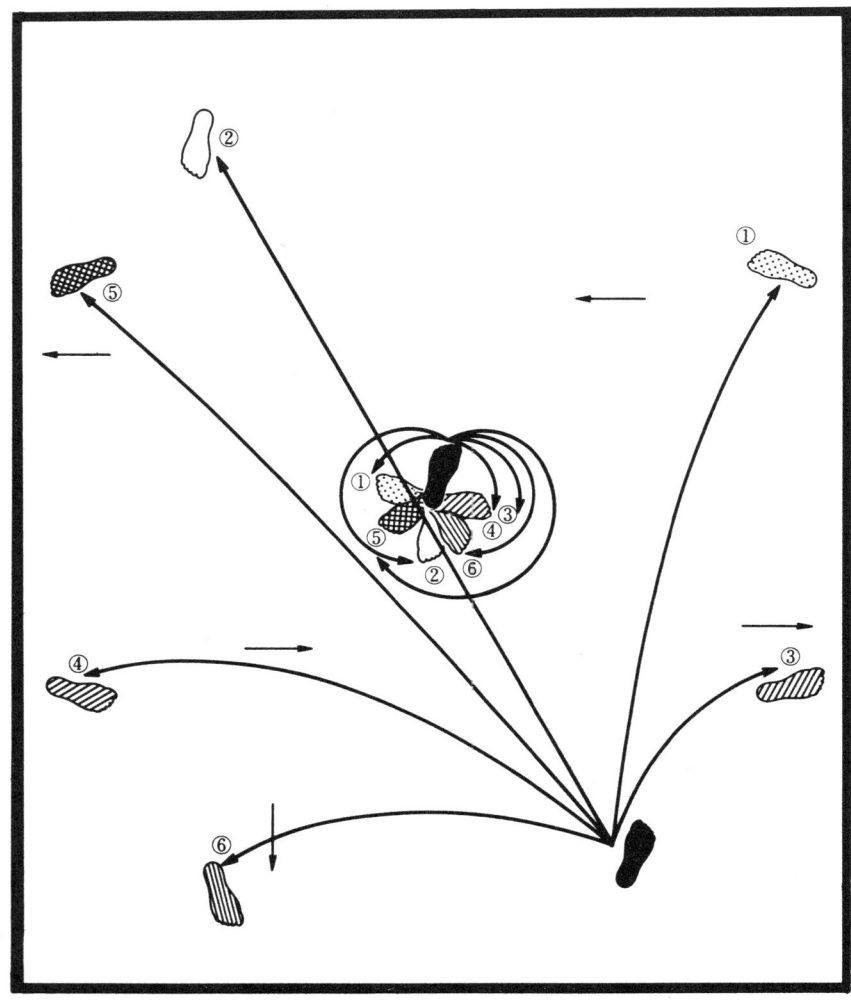

방향전환 연습(1): 좌 전굴자세에서 앞의 왼쪽 다리를 회전축을 삼고,
① 좌전하여 왼쪽으로 좌 전굴자세
② 크게 좌전하여 뒤쪽으로 좌 전굴자세
③ 우전하여 오른쪽으로 우 전굴자세(오른발을 오른쪽으로 옮기고)
④ 우전하여 오른쪽으로 좌 전굴자세
⑤ 크게 우전하여 왼쪽으로 우 전굴자세(오른발을 정면에 모아 왼쪽으로 옮기고)
⑦ 우전하여 뒤쪽으로 우 전굴자세(오른발은 왼쪽으로 옮기고)

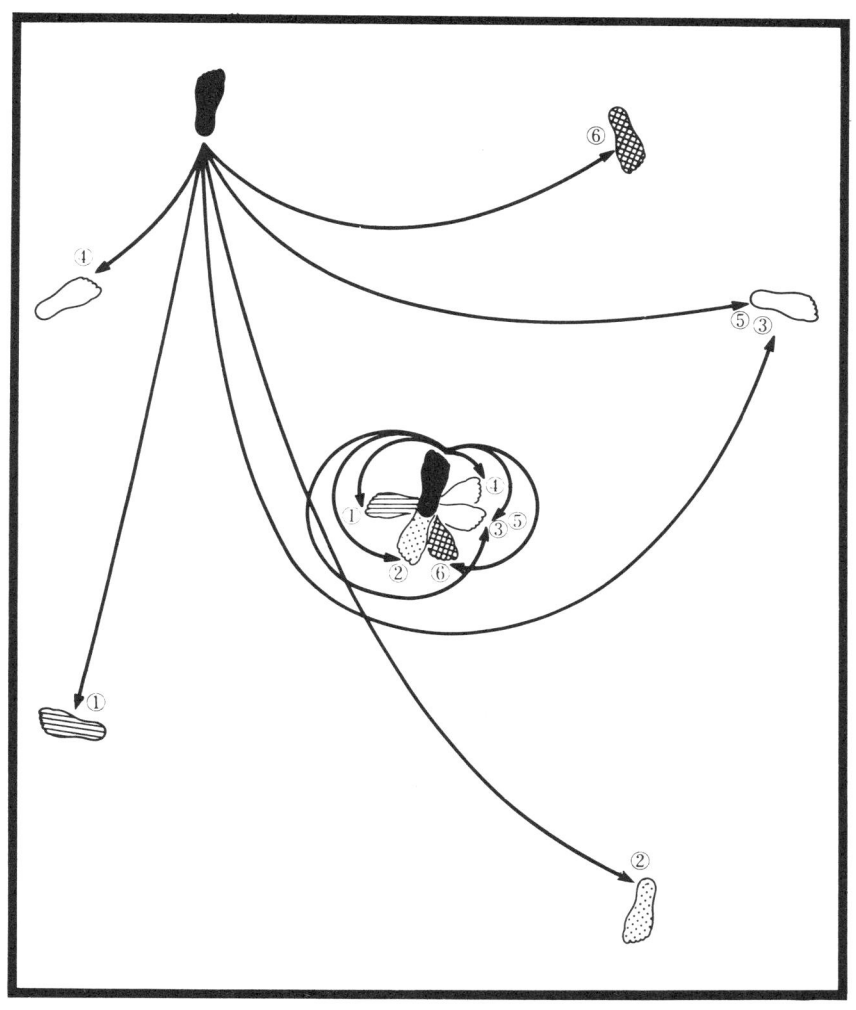

방향전환 연습(2): 좌 전굴자세에서 뒤의 오른쪽 다리를 회전축을 삼고,
① 좌전하여 왼쪽으로 좌 전굴자세
② 좌전하여 뒤쪽으로 좌 전굴자세
③ 좌전하여 크게 오른쪽으로 좌 전굴자세
④ 우전하여 오른쪽으로 우 전굴자세(왼발을 뒤쪽에서 왼쪽으로 끌어당기고)
⑤ 우전하여 오른쪽으로 좌 전굴자세
⑥ 우전하여 뒤쪽으로 우 전굴자세(왼발을 오른쪽으로 옮기고)

몸다루기 : 상대의 공격을 다루면서 막고, 반격으로 전환하는 것은 대단히 효과가 있다. 다만 몸을 다루는 것과 피하는 것은 일견 같은 것같이 보이나, 내용적으로는 매우 다르다는 것을 알아야 한다. 피하는 것은 다른 것을 전혀 고려치 않고 상대의 공격에서 단지 몸을 멀리 피하는 것이며, 다룬다는 것은 반격을 염두에 두고 상대의 공격으로부터 몸을 돌려 피하는 것이다. 이때는 반격할 수 있는 간격 범위에서 상대의 공격을 빠듯한, 매우 가까운 거리로부터 급속히 다루는 것이 중요하다. 돌아가는 것이 아니라, 한 다리를 회전축을 삼아, 상체와 같이 허리를 예리하게 자르는 것처럼 하는 것이 중요한 포인트이다.

제 3 장 몸의 이동

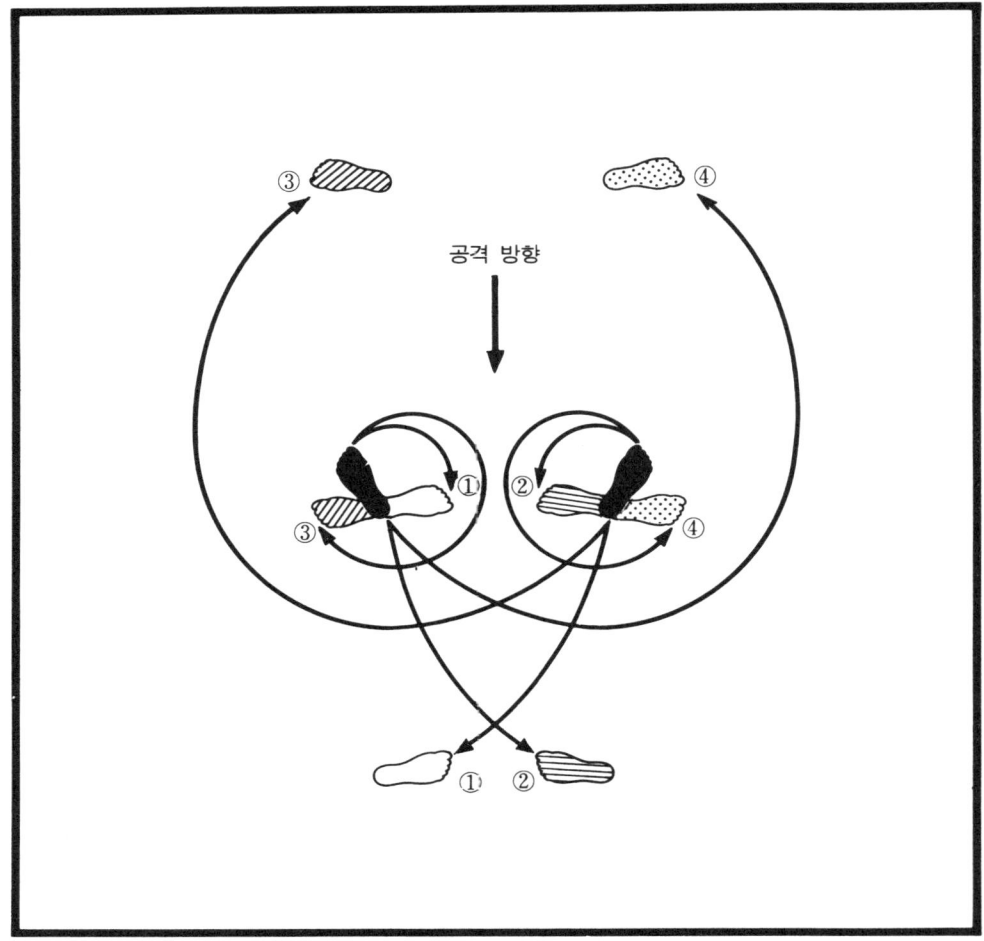

몸다루기 기본연습(1):
① 왼쪽 다리를 회전축으로 삼고 허리를 우전하여, 오른발을 뒤쪽으로 당기고, 오른쪽 방향이 된다.
② 오른쪽 다리를 회전축으로 삼고 허리를 좌전하여, 왼발을 뒤쪽으로 당기고, 왼쪽 방향이 된다.
③ 왼쪽 다리를 회전축으로 삼고 허리를 좌전하여, 오른발을 크게 정면 모으기로 옮기고, 왼쪽 방향이 된다.
④ 오른쪽 다리를 회전축을 삼고 허리를 우전하여, 왼발을 크게 정면 모으기로 옮기고, 오른쪽 방향이 된다.

몸다루기 기본연습(2): 상대에게 지르도록 하여 팔을 쓰지 않고, ①과 같은 요령으로(두 손을 후두부에서 낀다) 다루기의 연습을 한다. 차츰 익숙해지면 상대의 지르기가 상체 직전에 오기까지 기다리고 급속한 다루기를 행한다.

## 이런 일은 없습니까? ——조심하고 싶은 일 이것저것——

● 전환은 신속히 하고 있습니까?
  전환은 한 다리를 회전축으로 삼고, 허리를 예리하게 자르는 것 같은 기분으로 염전(捻転)하지 않으면 상대의 공격을 다룰 수가 없다. 첫 속도를 급속히.

● 허리의 높이는 일정하게 되어 있습니까?
  이동·전환중이나 이동·전환 때도 허리의 높이는 늘 일정하지 않으면 안 된다.

● 발바닥이 떠 있지 않습니까?
  이동·전환은 축이 되는 발을 중심으로 행한다. 발바닥이 뜨거나 흔들리거나 하면 안 된다. 발바닥은 마룻바닥에 꼭 달라붙는 것 같은 느낌이 중요하다.

● 타이밍은 늦지 않습니까?
  이동·전환 후에 기술을 내어서는 타이밍이 늦어지게 된다. 동시에 끝내기를 할 수 있도록 해야 한다.

제3장 몸의 이동

벨기에 팀 (1976년)

I.A.K.F. 지중해대회, 이탈리아 (1976년)

# 4
## 숙달에의 힌트

어깨와 팔꿈치와 무릎의 사용법을 올바르게 : 무한에 가까운 많은 종류의 공수의 기술도 크게 분류하면 팔꿈치와 무릎의 사용으로 크게 나뉘어진다.

팔꿈치를 늘여 펼침으로써 지르기가 되고, 팔꿈치 관절의 스냅(팔꿈치를 중심한 원운동)을 사용하면 치기가 된다. 마찬가지로 무릎을 곧장 늘여 펼치면 차기가 되고, 무릎 관절의 스냅을 사용하면 차올리기가 된다.

지르기는 허리의 회전력이 어깨→팔→주먹에 전달되고, 팔꿈치의 늘여 펼치는 방향으로 힘이 폭발하여 작용한다. 등주먹치기(裏拳打)는 팔꿈치 관절의 스냅에 의해 주먹이 나아가는 방향으로 힘이 작용한다.

차기도 무릎을 늘여 펼치는 방향으로 힘이 직선적으로 작용하고, 차올리기는 무릎 관절의 스냅에 의해 호지(虎趾)가 나아가는 방향으로 반원을 그리면서 작용한다.

어깨는 기술을 걸기 전이나, 기술을 걸고 있을 때나, 걸고 났을 때나 늘 밑으로 떨어뜨려 놓는 일이 필요하다. 어깨가 오르는 것은 그만큼 어깨에 힘이 들어가서 원활한 움직임을 할 수 없을 뿐만 아니라, 기술을 걸었을 때 겨드랑이가 헐렁해지고 힘의 집중이 불가능해진다. →

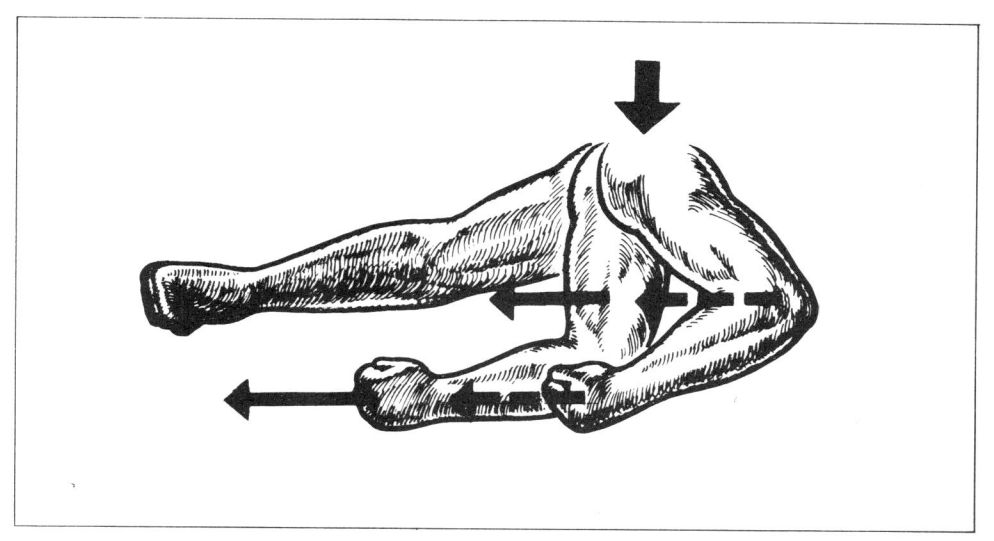

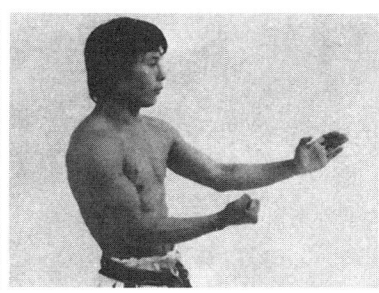
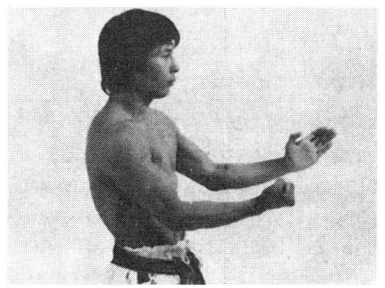
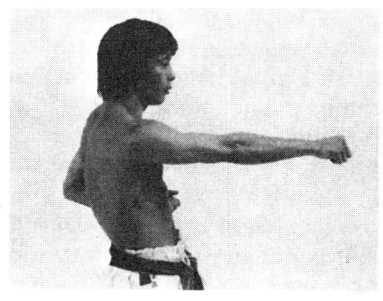

→
기술을 걸려고 의식하면 아무리 해도 어깨가 오르므로, 예컨대 지르고 싶다고 생각하면 주먹을 내미는 것보다도 어깨를 떨어뜨리는 것에 마음을 써야 한다. 어깨를 급속하게 떨어뜨리면 팔꿈치는 자동적으로 앞에 튀어나오기 때문에, 그것을 활용하여 지르면 되는 것이다.

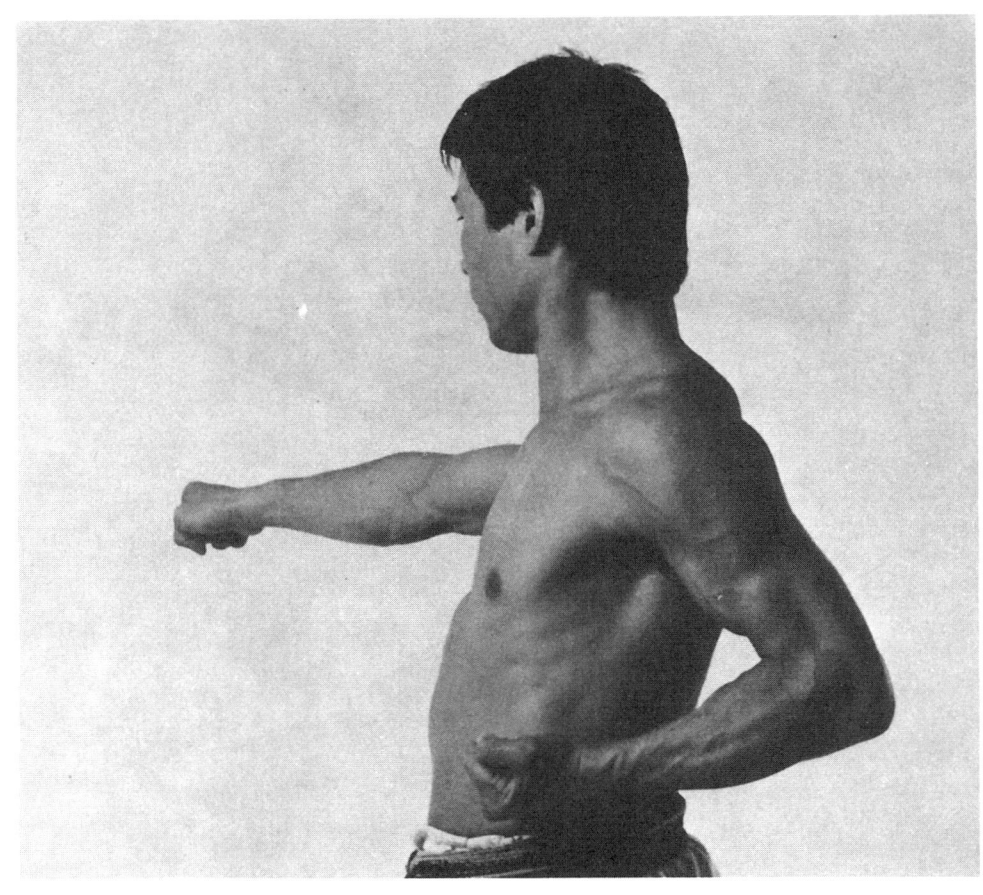

뛰어난 기술을 세게, 재빠르게 끌어들이는 손으로 : 끌어들이는 손은 허리의 회전을 유인하고, 뛰어난 기술을 낳게 하는 원천일 뿐만 아니라, 손기술을 걸 때는 세게 재빨리 충분히 끌어들이는 손을 활용하는 것이 중요하고, 끌어들이는 손이 불충분하면 기술에 마지막 마무리가 되지 않는다.

일반적으로 오른손을 곧장 정면으로 내릴 때는 끌어들이는 손의 왼쪽 팔꿈치는 바로 뒤로 끌어당긴다. 반신으로 막을 경우에는, 팔꿈치는 바로 뒤보다 얼마간 등뼈쪽으로 당기면 효과적이다.

원을 그리면서 크게 돌리고 칠 경우에는 끌어들이는 손도 마찬가지로 크게 원을 그리면서 당긴다(기술을 직선으로 사용할 때는 끌어들이는 손도 직선, 반원을 그리면서 사용할 때는 끌어들이는 손도 반원을 그린다). 기술을 거는 손과 끌어들이는 손은 늘 동시에 작동하도록 하는 것이 중요하다.

제 4 장  숙달에의 힌트  87

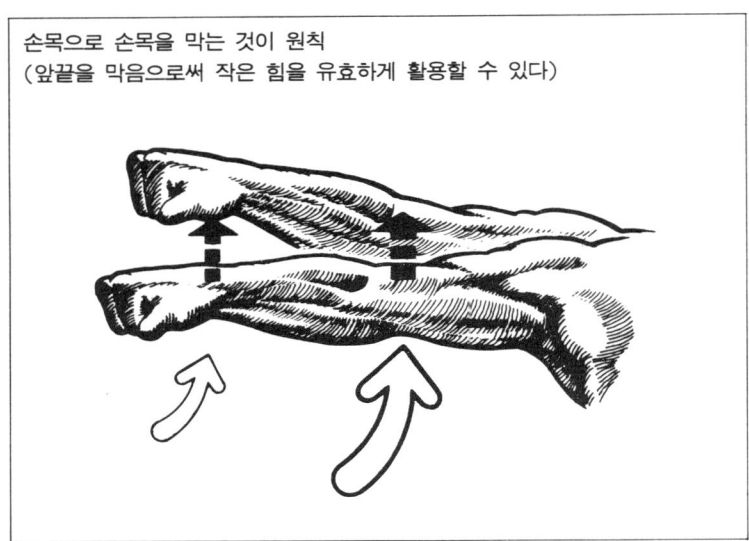

손목으로 손목을 막는 것이 원칙
(앞끝을 막음으로써 작은 힘을 유효하게 활용할 수 있다)

손목과 발목의 활용을 잊지 않도록 : 자칫 잊기 쉬운 것이지만, 공수도뿐만 아니라 손목과 발목의 활용은 다른 무도 스포츠에 있어서도 특히 중요한 포인트이다.

손목의 활용 : 손목은 지르기, 막기 모두 세게 쥐어서 곧장 편다. 치기도 보통의 경우 손목을 펴지만, 등주먹으로 끝내기하는 최후의 순간 손목의 스냅도 팔꿈치의 스냅에 맞춰서 효력을 낸다. 저장타(底掌打)·웅장타(熊掌打)·청룡도타(青竜刀打) 등은 손목을 충분히 세게 굽혀서 친다. 감아넣기, 감아떨어뜨리기의 경우에도 마찬가지이다.

막을 때는 자신의 손목 부위를 사용하여 상대의 지르기 팔 손목의 부위를 막는 쪽이 보다 효과적이다. 앞끝을 막는 것은 작은 힘을 보다 유효하게 활용할 수 있기 때문이다. 또 자신의 손목을 사용하면, 막는 순간 손바닥을 펴서 상대의 손목를 잡아 끌어당겨 상대의 상체를 흩뜨리기 쉽고, 또 상대편의 관절을 꺾을 수도 있다. 단련해 놓으면 막는 순간, 상대의 지르기 팔에 강렬한 타격을 주고 공격의욕까지도 분쇄할 수가 있다.

- 막기는 손목으로 손목을, 모토로.
- 손목을 쓰지 않고 막으면,
   상단→팔꿈치가 올라서 겨드랑이가 죄어지지 않는다.
   중단→막기가 높아지고 밑으로 빗나간다.
   하단→상체가 앞기울이기 된다.
  등의 결과를 가져오기 때문이다.

A→청룡도막기  B→저장막기  C→학두막기

손목을 잡아 끌어당겨 돌려지르기

제 4 장 숙달에의 힌트

버팀다리의 발목

발목의 활용 : 앞다리 발목의 탄력을 활용하면 허리를 자연스럽게, 또한 신속히 앞쪽으로 밀어낼 수가 있다. 또 허리의 위아래 움직임을 방지하기 위해서도 도움이 되므로 아주 효과적이다.

아무리 바로지르기나 앞차기가 효과적인 위력을 발휘할 수 있더라도 스타트가 늦고, 스타트가 느려서는 타이밍이 늦어지고 말아, 상대에게 다루어지거나 반격을 당하기 쉽다.

바로지르기일 경우 신속한 몸의 이동이 필요하고, 그러기 위해서는 버팀다리 발목의 활용이 유익한 것이다. 좌 전굴자세의 오른쪽 뒷다리를 버텨서 반압(反壓)을 이용하는 것은 당연하지만, 다시 버팀다리의 왼쪽 앞다리의 발목을 의식적으로 예리하고 세게 구부리면 허리는 자연히 앞으로 끌어당겨진다. 따라서 왼쪽 발목을 깊이 구부리고, 왼쪽 무릎을 뒤쪽으로 세게 버텨서 반압을 이용하면, 허리는 더욱 앞으로 신속히 밀려 나간다. 동시에 오른쪽 다리를 휙 하니 내고, 무릎을 굽혀 오른쪽 바로지르기의 자세가 된다.

전굴자세에서 앞차기의 경우도 바로지르기의 경우와 마찬가지로 앞 발목을 무릎과 같이 급속히 구부리고, 상체를 자연스럽게 빨리 앞으로 옮겨서 체중을 단단히 받친다. 동시에 차는 무릎을 가슴 높이 가까이 올리고 스냅을 살려서 찬다. 차기의 좋고 나쁨은 무릎을 올렸을 때의 밸런스와 발목의 조이기로 정한다고 해도 과언이 아니다.

바로지르기의 경우도 발목을 활용함으로써 허리를 자연히 오토매틱으로 신속히 앞으로 밀어내고, 스피드 있는 기술을 걸 수 있다. 또 허리의 위아래 움직임을 방지하고, 버팀다리의 발뒤꿈치가 떠서 밸런스를 흩뜨리는 것을 방지하기 위해서도 매우 효과가 있다.

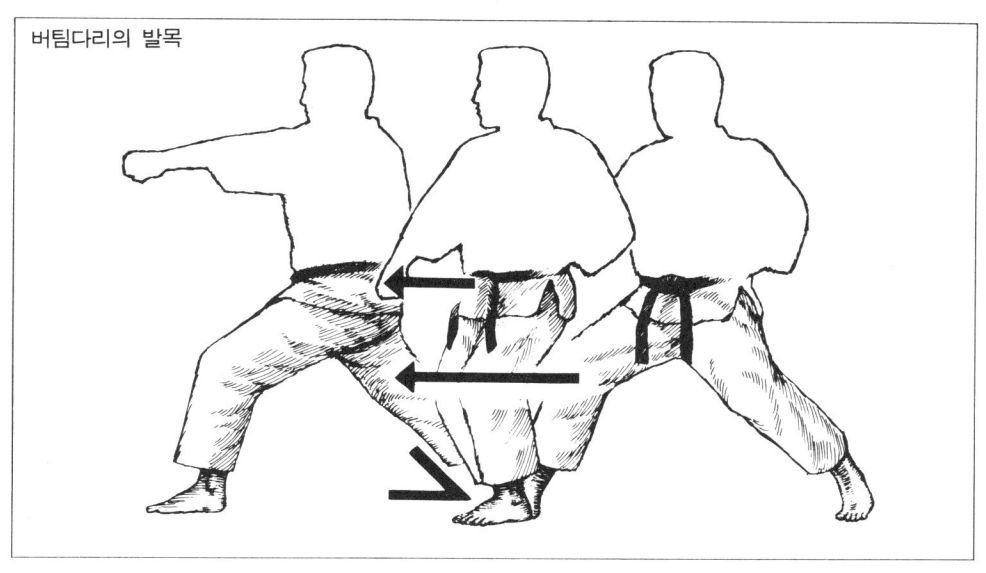

버팀다리의 발목

차는 발의 발목

제 4 장 숙달에의 힌트

팔꿈치의 위치는 극히 중요하다 : 팔꿈치는 옆구리에 가까우면 가까울수록 팔 끝에 전달되는 힘이 강해지는 것이다. 지를 때는 어깨를 흘려 보내지 않고, 팔꿈치를 옆구리에서 바깥쪽으로 삐져 나오지 않게 하여, 옆구리의 조일 수 있는 한계인 범위에서 사정(射程)거리를 뻗친다.

막을 때는 팔꿈치의 위치가 옆구리 앞, 가볍게 주먹 한줌인 곳, 측면 막기의 경우도 같은 옆구리의 바로 옆이다.

상단막기(揚受) : 팔꿈치는 귀 옆의 높이, 그나마 너무 떼지 말고 가까운 위치에 두는 것이 좋은 형(形)으로, 옆구리도 충분히 죄어진다.

중단팔막기(中段腕受) : 팔꿈치는 옆구리 앞, 주먹 하나가 이상적이다. 한도는 두 주먹 앞 정도로, 그 이상이 되면 겨드랑이의 죄임이 약해진다. 팔꿈치는 옆구리의 선에서 밖으로 삐져 나오지 않도록 한다. 앞팔의 연장선은 반드시 옆구리를 지향하도록 한다.

수도막기(中段手刀受) : 팔꿈치의 위치는 중단팔막기와 마찬가지이다.

갈고리지르기(鉤突)・수류구(水流構) : 팔꿈치를 굽힌 앞팔의 배꼽 앞. 앞팔과 가슴 부분은 평행으로. 가슴과 팔의 거리는 약 15~18cm. 주먹 끝은 옆구리를 지나지 않도록. 팔꿈치에서 팔목에 걸쳐 약간 내릴 듯하게. 어깨의 탄력, 팔꿈치의 탄력을 충분히 활용한다.

제 4 장 숙달에의 힌트 93

팔꿈치의 위치를
바꾸지 않는 연습법

제 4 장 숙달에의 힌트

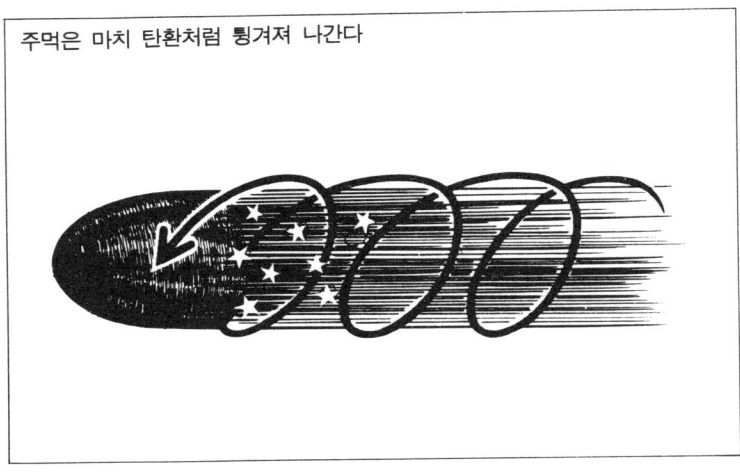

주먹은 마치 탄환처럼 튕겨져 나간다

앞팔비틀기의 효과 : 기술을 끝내기할 때 앞팔의 비틀기를 살리는 것은 효과적인 기술과 매우 관련성이 있으며, 크게 도움이 된다. 지를 때 마치 창을 손에서 일직선으로 내지르듯이, 팔꿈치를 펴면서 앞팔을 안쪽으로 비틀어 넣듯이 비틀고 주먹을 정면의 목표에 맞힌다. 이것은 총의 탄환을 회전시키면서 날려 목표에 맞히기 쉽게 하는 것과 같은 물리학적인 이유이다.

앞팔을 비틀면서 내미는 것과, 비틀지 않고 내미는 것과는 속도 자체에 직접 영향이 없으나, 탄환이나 주먹이 나아가는 방향을 직접적으로 일정하게 하는 데에 유익하고, 결국 간접적으로 속도에 관련성이 생기게 되는 것이다. 힘을 한 곳으로 집중시켜서 맞히는 것은 타격효과라는 것에 아주 큰 영향이 있다. 특히 옛날 사람이 체험으로 알아내고 가르치는 것처럼, 인간의 신체, 특히 몸통에 주먹을 비틀면서 약간 밀어올리듯이 하여 쳐넣으면, 근육의 간격을 질러 내장 자체에 아주 큰 대미지를 준다는 것은 생리학적인 견지에서도 수긍이 가는 일이다. 또 비틀면서 기술을 끝내기하는 것은 순간적으로 필요한 여러 근육이 동시에 긴장하여 집중력을 높이는 데에 효과적이다.

비틀기의 타이밍 : 지르는 경우, 팔꿈치가 허리에서 떠나는 것과 동시에 앞팔의 내전(內轉)이 시작되고, 팔꿈치가 신전(伸展)하여 지르기를 끝내기할 때 비틀기가 종료하는 것이 기준이다. 고단자는 최종단계에서 순간 비틀면서 끝내기하는 데 효과가 크다. 그렇지만 이것은 숙달되지 않은 동안에 행하면 질러 맞혔을 때, 손목만 공전하고 역으로 효과를 잃으므로 주의해야 한다.

모하멧 알리의 펀치가 멋지게 작렬

타이밍을 어긋나지 말라 : 모든 스포츠와 마찬가지로 공수도에 있어서도 타이밍은 가장 중요한 요소의 하나이다. 지르기·차기 등의 끝내기 기술이나, 막기만 해도, 또 막기에서의 반격만 해도 극히 사소한 타이밍의 착오도 허용되지 않는다. 너무 빨라도, 늦어서도 그것은 실패한다. 어떤 강대한 폭발력을 지닌 차기나, 아무리 확실한 막기라도 타이밍이 나쁘면 헛치기가 되고, 막아낼 수가 없다. 또 모든 것이 스타트가 매우 중요해서, 야구의 배팅에서나 골프의 스윙도 스타트가 한층 효과적이기 위해 적절한 백스윙을 한다. 그러나 순간의 승부를 겨루는 공수도에서는 백스윙은 허용되지 않는다. 타이밍이 늦으면 치명적이다. 자세를 취하고 있는 주먹, 발의 위치에서 그대로 기술을 걸지 않으면 안된다. 그러기 위해서는 언제나 손발을 적당한 곳에 있어야 한다. 한 가지 기술을 다 걸고 난 뒤라도, 여기서라면 언제든지라는 자신에 찬 곳에 당장에라도 스타트할 수 있도록 자세를 취하고, 다음 기술의 준비를 하고 있다는 것이 된다. 게다가 필요로 하는 근육에는 활기 찬 적당한 긴장감이 넘쳐 흐르게 하는 것이 이상적이다. 어떻든간에 시간과 공간의 제약을 무시해서는 좋은 타이밍은 생겨나지 않는다. 상대편 공격기술의 속도와 상대하고 있는 거리, 즉 간격을 충분히 생각하여 시간과 공간의 처리를 정확히 행하는 것이 타이밍에서 가장 중요하다.

**밸런스(무게 중심·무게 중심의 이동)를 흩뜨리지 않도록 :** 밸런스는 스포츠에 있어서의 몸의 변화를 역학적으로 받치는 것이며, 밸런스가 좋다는 것은 바꾸어 말하면 안정도가 높음을 나타내는 것이다. 큰 안정도를 얻으려고 하면, 두 개의 발바닥에 둘러싸인 버팀 기저면(基底面)을 충분히 넓혀서 손이나 발의 동작에 따라 몸의 무게 중심이 이동해도 무게 중심선이 기저면 밖으로 나오지 않도록 하는 것이 이상적이다. 지르거나 치기일 때 두 다리를 버티고 기저면을 넓게 잡고 무게 중심선이 기저면의 중심 가까이에 떨어지도록 하며, 또 신체 각 부분이 같은 목적으로 조정되어 협력되도록 하면 밸런스는 완전히 유지되고, 걸었던 기술은 그 위력을 남김없이 발휘할 수 있는 것이다. 이와 반대로 무게 중심선이 기저면의 가장자리에 떨어지면 밸런스는 나빠지고, 무게 중심선이 기저면 밖으로 멀리 떨어지는 것 같은 일이 있으면 몸의 조화가 깨져 밸런스는 흐트러지고 만다. 밸런스가 흐트러지면 아무리 강한 기술을 걸어도 힘이 흘러 버리기 때문에 조금도 효과가 없다. 또 바로 필요에 따라 기술을 이어서 걸 수 없게 된다. 밸런스의 흐트림을 이용해서 상대로부터 공격을 받으면 막는 일도 곤란해진다. 발기술의 경우, 한쪽의 다리로 버팀다리를 삼고 다른 다리로 차는 것이기 때문에 특히 안정성이 과제가 된다.

찰 때, 기저면 버팀다리의 발바닥만의 실질면적밖에 없으므로 안정도는 작아지고, 몸의 평형은 유지하기 어렵게 된다. 찰 때는 무게 중심선이 기저면에서 빗나가지 않도록 상체의 바람직한 상태에 유의해야 한다. 그러나 무게 중심선이 지지기저면 밖으로 삐져 나가버리는 경우도 많다. 그럴 때 기저면에서 약간 빗나간 정도이면 몸은 반사적으로 감각 제기관이나 근육의 작용에 의해 이것에 대항하고, 무게 중심선을 즉시 기저면으로 되돌아오게 하므로 간신히 밸런스를 유지할 수 있다.

무게 중심은 동일 기저면에서 밑으로 낮출수록 몸이 안정된다. 그러나 찰 때에 버팀다리의 무릎을 굽혀 허리를 떨어뜨리는 것도 너무 극단으로 치우치면 뻗침이 있는 예리한 위력을 가진 차기를 할 수 없다. 상대의 상단 공격에 대하여 몸을 움츠리고, 찬 다음 빠지는 것 같은 특수한 경우를 제외하고, 필요 이외일 때 너무 깊이 굽히는 것은 좋지 않다. 무게 중심이 차는 방향으로 조금이라도 이동하면 무릎은 힘없이 가라앉아 발뒤꿈치가 뜨고, 유효한 차기가 되지 않는다. 몸의 무게 중심이 이동할 때에는 이동하는 무게 중심의 밑에 새롭게 기저면을 만들면 되기 때문에, 그렇게 하기 위해 찬 발을 버팀다리의 앞쪽에 내리고, 전굴자세 등으로 밸런스를 취해 다음 기술에 대비하는 것이 중요하다. 발뒤꿈치를 들고 차는 것을 자주 보게 된다. 이것은 지극히 불안정할 뿐만 아니라, 불필요한 근육의 긴장을 필요로 하고, 피로감이 증대한다. 따라서 발바닥 전체로 마룻바닥을 캐치하는 것이 중요하다.

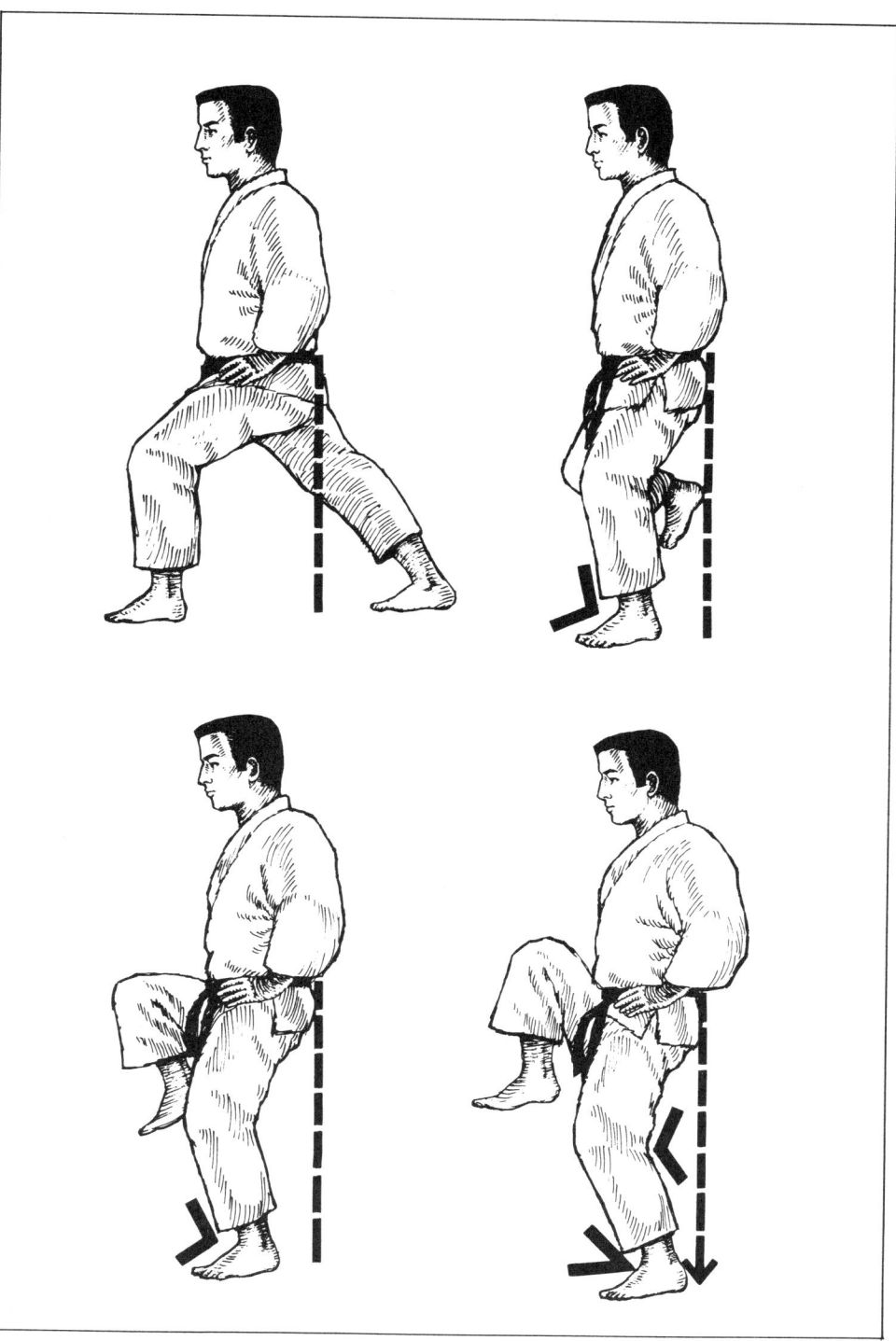

제 4 장 숙달에의 힌트

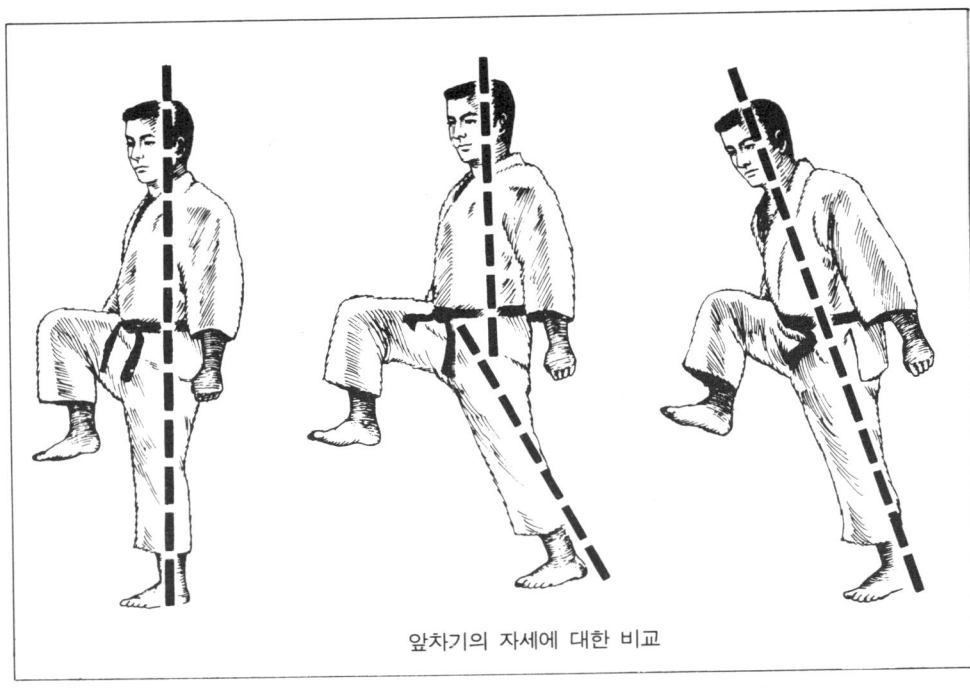

앞차기의 자세에 대한 비교

사정(射程)거리를 알라 : 자신이 한계를 아는 것이 중요하다. 억지로 사정거리를 뻗치려고 하면 자세가 흐트러져서 밸런스를 잃고, 역으로 상대로부터 반격을 당한다. 타격은 정확성과 비거리(飛距離)의 밸런스가 중요하다. 상체는 어디까지나 목표에 정대(正対)해 있어야 하고, 어깨의 탄력, 팔꿈치의 탄력을 충분히 살리는 것이 중요하다. 차기는 차는 발의 무릎을 충분히 다 뻗칠 수 있게 함과 동시에, 버팀다리의 발목·무릎·허리의 탄력을 충분히 활용하지 않으면 효과가 없다.

스탠스와 타격거리 : 보폭의 넓이, 허리의 높이에 의해 그 타격거리(상대에게 유효한 타격을 줄 수 있는 거리)는 변화한다. 아무리 상체를 앞기울이기 해도 타격거리는 뻗치지 않고, 밸런스를 흐트려 유효한 타격을 기대할 수 없다.

다음 그림은 ①·②·③ 모두 뒷다리의 위치는 같아도 목표의 원근에 따른 허리의 높이와 보폭의 컨트롤에 의해서 지르기의 타격거리에 차이가 생기는 것을 나타낸 것이다.

차기와 타격거리 : 상체는 곧장 허리 위에 얹고 있는 것이 중요하고, 어정쩡한 허리가 되거나 버팀다리의 무릎을 깊이 구부리거나 하면 강한 타격을 줄 수 없을 뿐만 아니라, 상대에 허를 찔리고 마는 결과가 되는 것을 다음 그림에서 유의해야 한다.

허리를 넣어서 차지 않으면 이런 결과가 된다

스탠스와 타격거리

제 4 장 숙달에의 힌트

머리를 움직이지 말라 : 기술을 걸 때 머리는 언제나 필요 이외는 움직이지 말고, 정확히 해 놓는 것이 중요하다. 어떤 스포츠, 무도에서도 머리를 흔들거나 기울이거나 하는 것은 금물로, 몹시 꾸짖고 있다. 일본 씨름이나 복싱 방송에서도 흔히 "저기서 턱이 오르면 안 된다"는 해설을 듣게 된다. 공수에서도 마찬가지로 목이 멈추지 않고 머리를 흔들거나 기울이거나, 특히 턱을 높이거나 하면 코스가 부정확해져 목표를 포착 못하고, 또 기술에 집중력이 없어 충분히 끝내기를 할 수 없을 뿐만 아니라 밸런스를 흐트리기 쉬워, 특히 차기에는 나쁘다. 또한 시합중 한 순간의 타이밍 착오나 사소한 밸런스의 흐트림이라도 패배에 이어지는 케이스가 많으므로 주의해야 한다.

공수에서는 지르는 경우에 머리를 흔들거나, 차는 경우에 헤드 업하는 것 같은 케이스를 많이 보는데, 이것은 절대 금물이다.

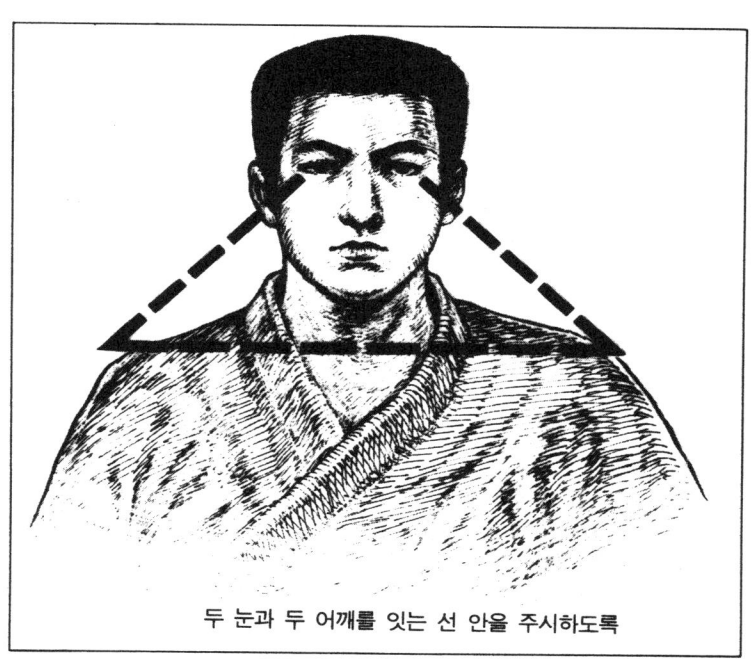

두 눈과 두 어깨를 잇는 선 안을 주시하도록

눈과 시선(눈길을 돌리지 말라) : 머리와 관련하여 시선의 문제는 매우 중요하다. 무도에 있어서 눈은 생명이다. 뭔가 마음에 있으면 그것은 곧 눈에 나타난다. 약점은 바로 상대에게 간파당하고, 열렬한 투지는 번쩍번쩍 빛나는 눈에 나타나 상대를 기가 꺾이게 한다. 검도에서는 상대의 눈에서 눈을 떼지 말라고 가르친다. 공수에서도 마찬가지로, 시선은 끊임없이 상대의 눈과 양어깨를 잇는 삼각선에 두는 것이 중요하다. 양어깨의 바람직한 상태가 상대의 어떤 공격도 파악할 수 있기 때문이다. 자세를 취했을 때나 기술을 걸 때도 시선을 소홀히 해서는 안 된다. 눈을 감으면서 기술을 거는 것은 당치 않은 일이다. 상대의 신속한 움직임도 보지 못하고, 변화를 포착하지도 못한다. 더구나 초속 13~14m에 이른 속도 있는 기술을 다 본다는 것은 도저히 불가능한 일이다.

저자는 어둠 속의 1,000분의 1초인 스트로보 촬영에서 실패한 쓰라린 체험이 있다. 아주 순간에 막는 타이밍을 놓쳐 상대의 지르기를 정면으로 이마에 받은 것이다. 깜빡깜빡하고 눈을 같은 요인으로 상대의 지르기의 거리를 확인하지 않으면 안 되었기 때문이다. 깜빡임은 절대로 금물이다. 나쁜 버릇은 철저하게 고치는 노력이 필요하며, 그것이 숙달에의 비결임을 잊어서는 안 된다.

지르기의 코스(기술은 올바른 코스로) : 목표에의 코스가 정확하지 않으면 유효한 지르기가 되지 않는다. 바로지르기는 자세를 취한 주먹의 위치에서 목표에의 최단거리인 '직선 코스'가 올바른 코스이다. 그러기 위해서는 지르는 쪽 팔의 팔꿈치도 옆구리를 문지르면서, 동시에 앞팔을 안쪽으로 비틀어 내밀 필요가 있다. 이것은 직선 코스를 올바르게 스타트하는 것과 힘의 방향을 일정하게 하는 데 있어서 매우 중요하다. 또 힘이 직선을 뻗어 목표에 맞아도 방향을 바꾸는 일 없이 그 연장선에 충격력을 침투시킨다고 하는 큰 의미를 지닌다(96페이지 참조).

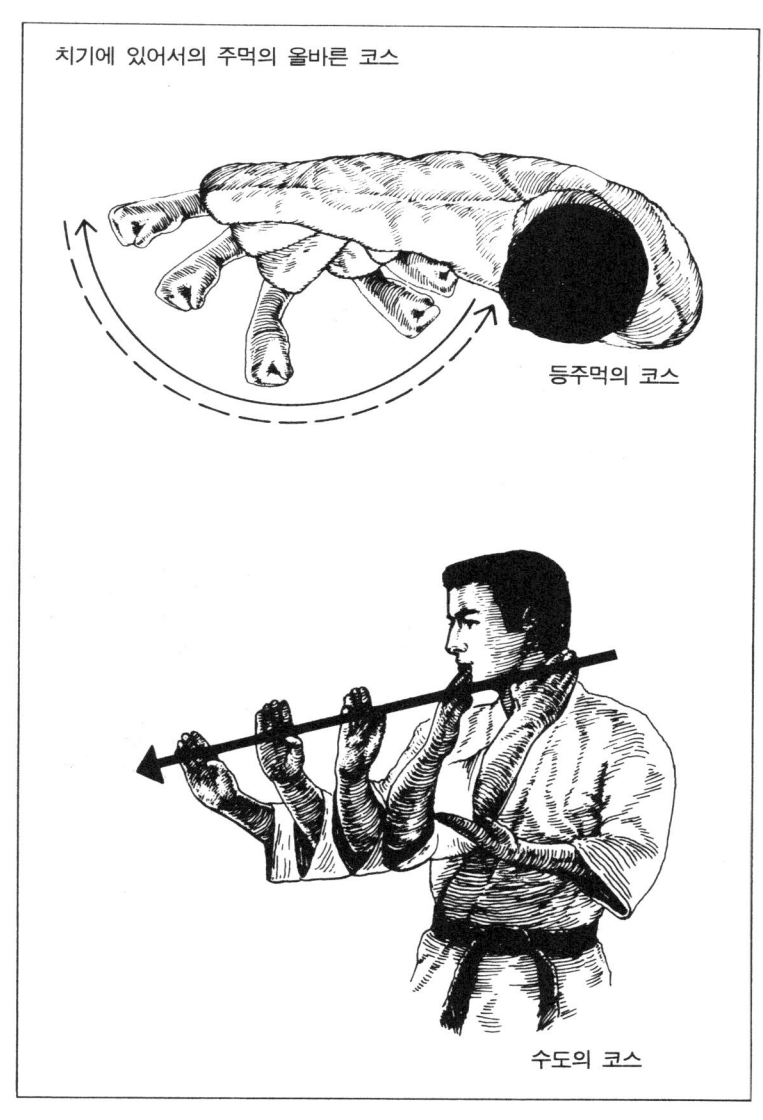

치기에 있어서의 주먹의 올바른 코스

등주먹의 코스

수도의 코스

치기의 코스 : 치기는 주먹이나 수도를 굳게 쥐고 신속하게 팔꿈치 관절의 탄력, 스냅을 이용하여 부딪는 것이 중요하다(130페이지 참조).

제 4 장 숙달에의 힌트 105

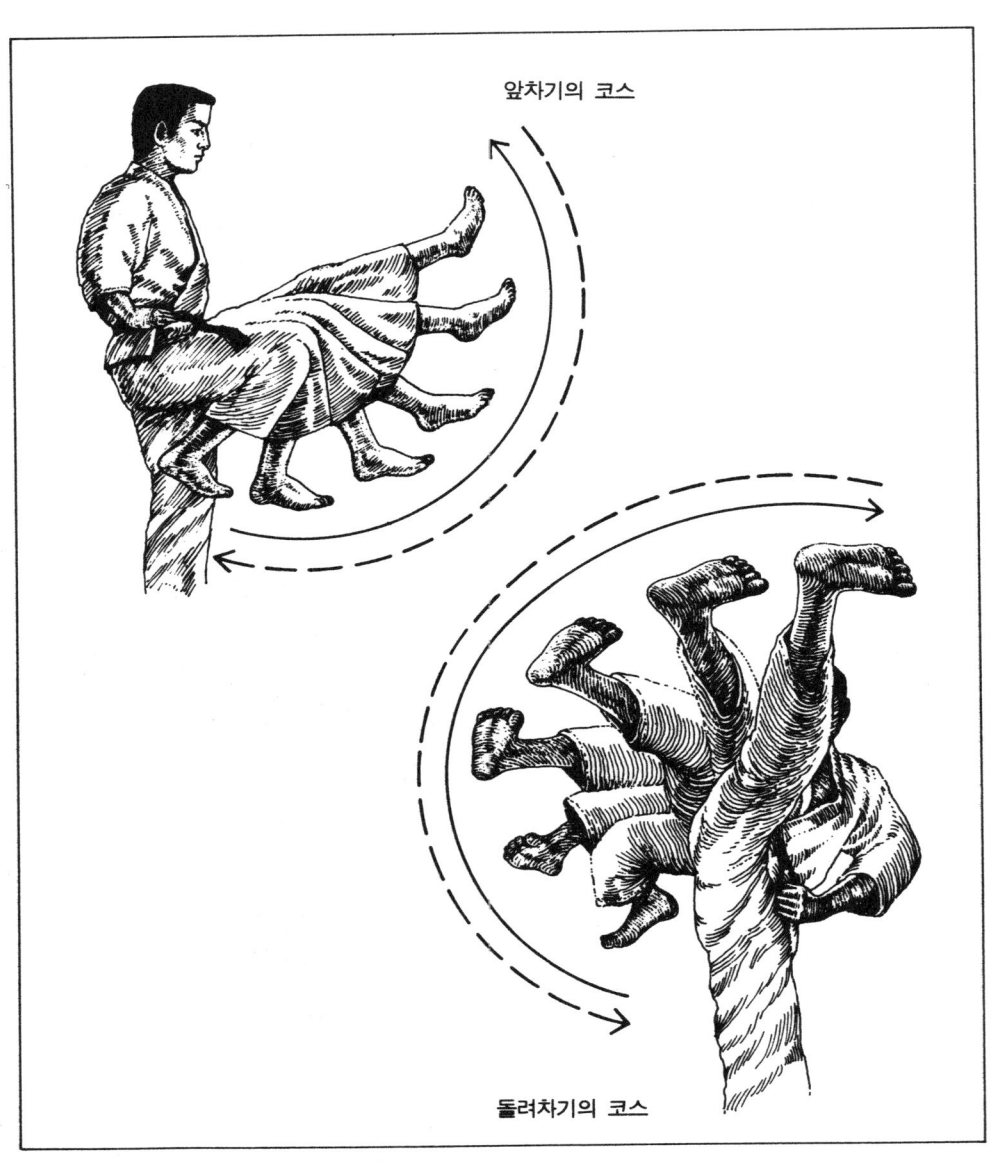

앞차기의 코스

돌려차기의 코스

**차기의 코스**: 효과가 있는 차기는 무릎의 스냅과 굴신(屈身)에 의해 생겨난다(137페이지 참조).

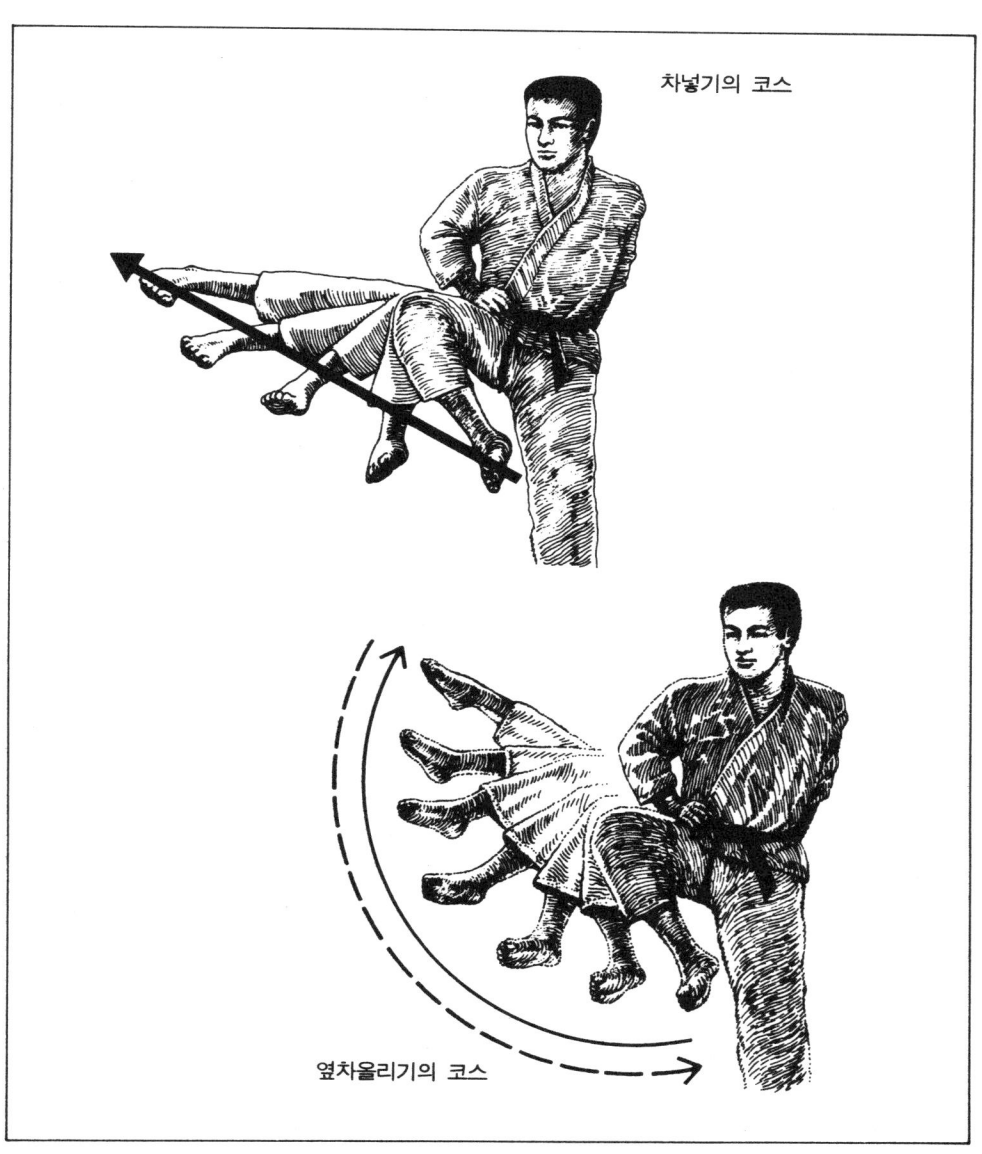

막기의 코스(힘을 가하는 방향) : 막기 위해서는 공격해 오는 상대 손발의 코스를 올바르게 판단하고, 그에 적응한 코스를 잡고서 막는다. 기본적으로는,

① 상단공격에 대해서는 밑에서 올려막는다.
② 중단공격에 대해서는 바깥쪽에서 안쪽으로, 또는 안쪽에서 바깥쪽 옆으로 막는다.
③ 하단의 지르기나 차기는 비스듬히 밑으로 쳐서 막는다.

상단막기의 코스 :
① 왼쪽 앞팔을 끌어당기는 손의 오른쪽 팔꿈치 밑에서 돌리고, 오른쪽 앞팔의 바깥쪽을 급히 보내어 이마 앞에 올린다. 즉 몸의 안쪽 밑에서 위로 '〈모양'의 커브를 그린다. 직선 코스에 대하여 직선으로 막는 것도 가능하다. 그러자면 체력차와 숙련도(熟練度)의 차가 없으면 곤란하다.
② 이마 앞의 왼팔은 주먹을 벌려 손바닥이 되고, 그 엄지손가락쪽을 콧날을 따라 밑으로 내린다. 동시에 허리에서 자세를 취한 오른팔을, 팔꿈치가 옆구리 선에서 밖으로 빗나가지 않게 하면서 올리고, 알맞게 턱 앞에서 십자를 그으면서 왼쪽 주먹은 왼쪽 허리에 당기며, 오른팔은 이마 앞에 비스듬히 올려서 막는다. 턱 앞에서 십자를 긋는 것은 막는 팔의 올바른 코스를 확립하기 위해서이다.

중단팔막기 / 중단막기의 코스 : 왼쪽 주먹을 왼쪽 귀의 언저리에 취하고, 팔꿈치를 직각으로 굽혀 바깥쪽에서 돌려 앞팔을 세워 옆으로 세게 튕기는 것처럼 막는다. 주먹이 끝내기하는 위치는 턱의 앞, 즉 바깥쪽에서 반원을 그려 상대의 직선 코스를 원의 접선으로 삼고, 옆으로 쳐서 맞춰 빗나가게 한다.

중단팔막기 / 안쪽막기의 코스 : 오른쪽 주먹을 오른쪽 허리에 취하여 끌어들이는 손의 오른쪽 팔꿈치 밑에서 돌리고, 팔꿈치를 축을 삼아 직각으로 굽힌 앞팔을 세워 옆으로 튕기고 막는다. 주먹이 끝내기하는 위치는 턱의 앞. 이 막기에서 중요한 것은 직선 코스의 공격에 대해 거의 직선으로 비스듬히 쳐서 맞히므로, 허리를 역으로 오른쪽에 돌리면서, 끌어들이는 손을 세게 되돌려 끌어당기는 것 같은 협력 동작이 필요하게 된다.

하단막기의 코스 : 왼쪽 주먹을 오른쪽 귀의 언저리에 취하고, 비스듬히 밑으로 내려치면서, 팔꿈치를 뻗고 앞팔 척골측(尺骨側)의 손목 부분으로 비스듬히 밑으로 크게 튕기는 것처럼 막는다. 주먹이 끝내기하는 위치는 무릎 위.(약 15cm).

중단수도막기의 코스 : 오른쪽 주먹을 왼쪽 귀 언저리에 취하고, 팔꿈치를 비스듬히 밑으로 잘라내리고, 수도로 쳐서 막는다.

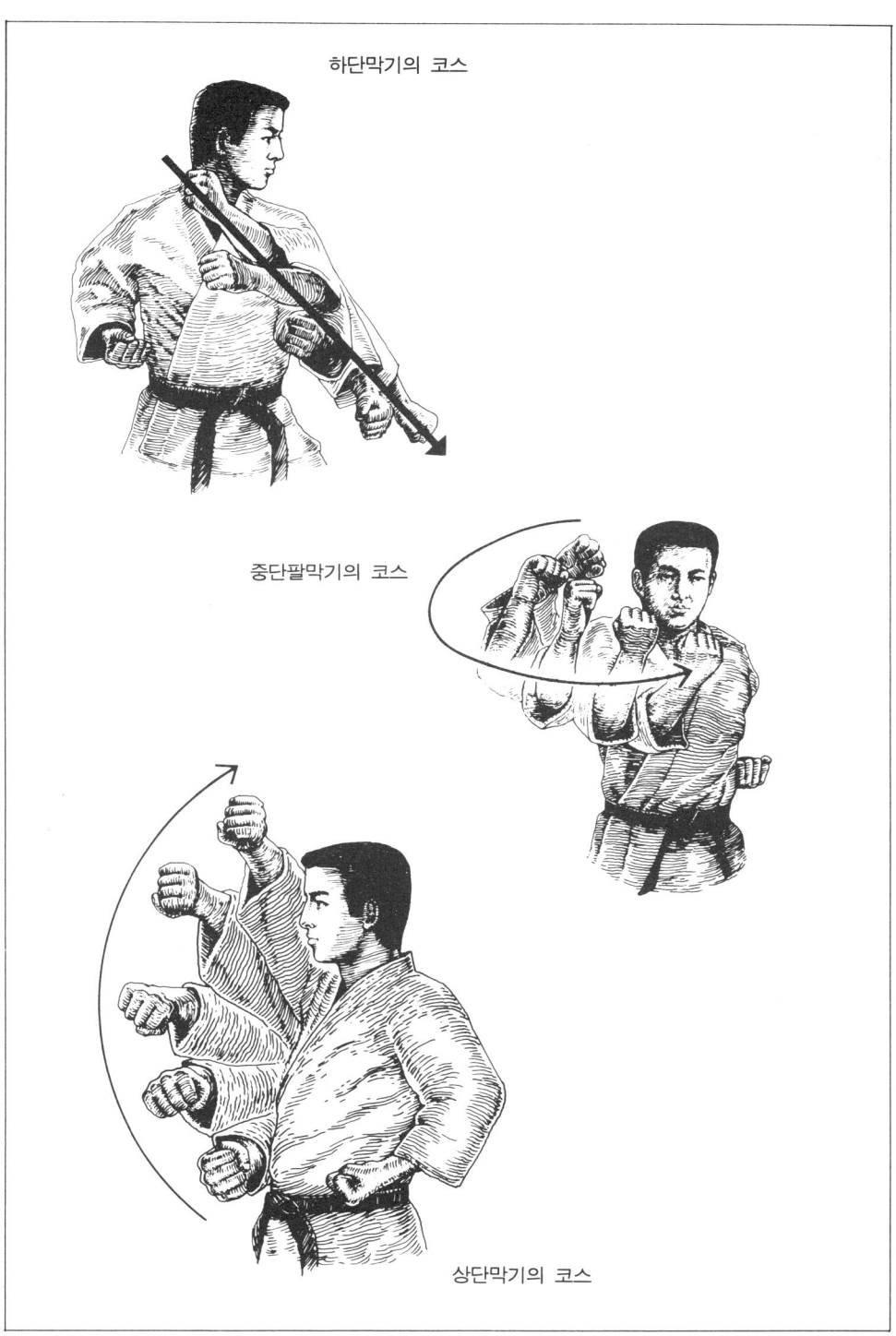

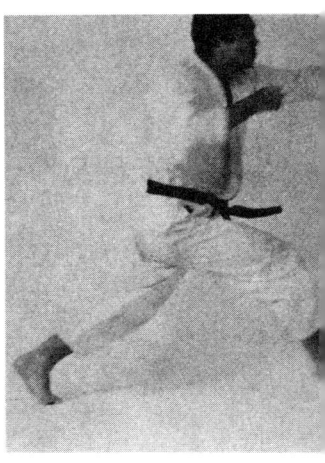

**속도는 힘이라고 생각하라**: 끝내기 수의 위력이 순간적 충격력이라고 한다면, 필연적으로 공수의 기본기의 강함은 속도에 좌우된다. 극단적으로 말하자면 기술의 수련에는 1에도 속도, 2에도 속도, 속도의 증가를 구하는 것이 기본연습의 목적이라고 해도 과언이 아니다.

몸은 세 종류의 지레로 이루어지는 조직이며, 전체적인 속도가 어울려서 힘이 나는 것이기 때문에 필요한 근육의 수축이 빠르면 빠른 만큼 지르기・차기의 말단에 맡는 손발의 운동은 보다 고도의 속도가 주어지고, 거기에 큰 힘이 생겨나게 된다. 또 내밀 때 다른 쪽 손을 가능한 한 빨리 끌어당기는 것은 우력(偶力)을 이용하여 속도와 힘의 증대를 꾀한다는 의미를 지니고 있다.

지를 때에, 팔의 신근(伸筋)・굴근(屈筋)이 조화하여 작용하면 운동은 능률적이 되고, 바라는 속도를 얻을 수 있는 것이다. 팔꿈치 관절을 펴서 주먹을 내밀려고 할 때 바라고 있는 운동을 일으키는 신근군(伸筋群=上腕三頭筋을 주로 삼고)에 길항(拮抗)하여 굴근군(屈筋群=上腕二頭筋을 주로 삼고)이 세게 수축하면 균형이 잡히지 않게 되고, 팔의 운동은 딱딱해져 속도 없는 움직임이 되기 때문에 효과 있는 지르기 기술이 될 수 없다. 특히 초심자는 기술을 걸 때에 불필요한 근육까지도 수축시켜 버리기 때문에, 잘 지도를 받고 연습에 의해 필요한 근육의 기능을 감지해야 한다.

제 4 장 숙달에의 힌트

힘의 집중은 순간적으로: 일반적으로 "기술을 끝내기한다"는 것은 순간적으로 일정한 목표에서 최대한의 힘을 폭발시키는 일이다.

내밀 때는(치기·차기도 마찬가지이다) 유연한 자세에서 손과 팔에 불필요한 힘을 가하지 않고, 자연스럽게 또한 신속하게 시동시켜 목표에 맞히는 순간 전신의 힘을 동시에 협력시키고――허리의 큰 힘이 가슴·어깨·상완(上腕)·앞팔과 연쇄적으로 증대시켜 전해지고――주먹에 집중한다.

전복근(前腹筋)과 측복근(側腹筋)이 세게 긴장하여 흉곽과 골반을 단단히 이어 고정시키고 있다. 골반이 고정해 있는 것은 골반에 달려 있는 대퇴의 굴근·신근의 길항근군(拮抗筋群)이 동시에 조화·협력하여 강력히 작용하여 안정된 견확(堅確)한 서기자세를 만드는 데에 도움이 되고 있다. 이 견강(堅强)한 기저(基底)에 받쳐져서, 허리의 큰 힘이 가슴·어깨를 통해 팔에 전도(伝導)되는 것이 가능해진다. 또 팔을 수평으로 드는 데에 도움이 되고 있는 삼각근이나, 팔 관절을 세게 펴고 있는 상완삼두근의 기능이 참으로 효력을 잘 나타내고 있으며, 앞팔 굴근군의 긴장도 적당하다. 또한 이 팔이 목표에 격돌하고, 그 반동에 의해 되튕겨지는 것을 단단히 누르기 때문에 견갑(肩胛) 밑의 대원근(大円筋)·극하근(棘下筋) 등이 세게 수축해 있는 것을 볼 수 있다. 흔히 "겨드랑이를 죄어서 지르라"는 말은 이 경우를 말한다. 이러한 근육의 기능이 없으면 주먹이 목표에 맞아도 그 반동으로 견갑골은 뒤로 되당겨지고 만다.

허리·가슴·어깨·팔·손목·주먹과 굳게 연결돼, 순간적으로 필요한 근군(筋群)이 협조 작용해야만 힘의 집중은 완벽해진다. 만약 어깨를 들고 지르든지, 어깨를 앞으로 흘려서 지르면 아무리 팔의 여러 근육을 세게 수축해도 견갑 밑의 여러 근육이 작용하지 못하므로 팔까지 되튕겨지고 말 것이다.

공수의 힘: 기술을 걸 때 불필요한 힘을 빼는 일은 역으로 효과적인 힘에 이어지는 것이다. 힘은 0→10→0이라는 식으로, 순간적인 힘을 폭발시켜 또다시 바로 힘을 뺀다. 다만 힘을 빼는 일과 기를 빼는 일은 똑같지 않다는 것을 명심해야 한다. 기는 늘 충실되게 하여 불필요한 힘을 빼고, 다음 순간의 준비를 해 놓으며, 필요한 때 전신의 힘과 기를 쥐어짜서 힘의 집중을 꾀하지 않으면 안 되는 것이다.

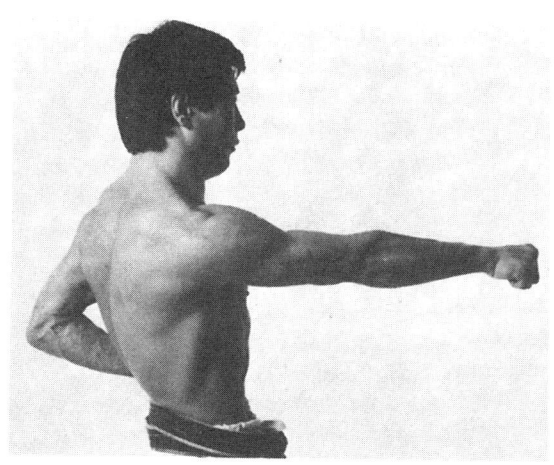

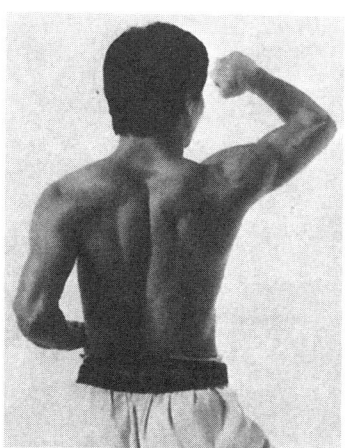

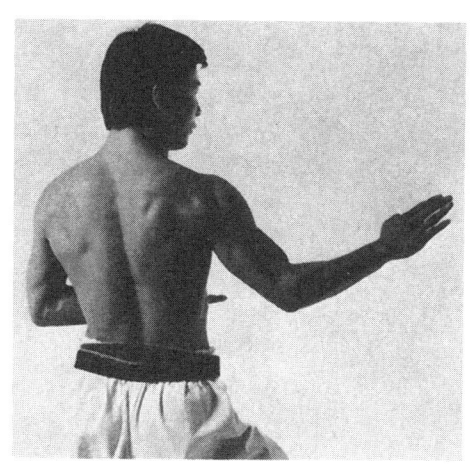

제 4 장  숙달에의 힌트  113

## 5
## 기본기의 원리

## ■ 막 기

막기 기술의 특징 : 막는다고 하는 것, 즉 방어하는 일은 매우 어렵다. 상대의 공격목표가 어디에 있는지, 공격의도는 도대체 무엇인지……순간적으로는 좀처럼 판단하기 힘들다. 다만 막는 일에만 시종하면 아무리 능숙하게 막아도 언젠가는 상대의 술수에 빠지고 만다. 상대의 공격을 냉정하게 판단하여 자신의 자세를 유리하게 이끌 수 있도록 여러 가지로 변화시키지 않으면 안 된다. 막기에 관해서는 다음과 같은 것이 포인트가 된다.
① 강하게 막아서, 상대가 공격해 오는 손발에 강대한 타격을 주어 그 공격의욕을 분쇄한다. 다시 말하자면, 막기도 역시 끝내기 수이다. ② 상대의 손발을 가볍게 막아 흘려서 억제한다. ③ 막기에서 끝내기 수로, 즉 막으면 즉각 반격으로 전환하고, 혹은 막기와 반격을 한 호흡으로 행한다. ④ 막기에 의해 상대의 자세를 흩뜨린다. ⑤ 상대가 공격해 오는 초장을 누른다. 즉 기선을 잡는다. ⑥ 잘 다뤄서 안전지대에 몸을 두고, 반격의 기회를 기다린다고 하는 것 같은 일이 중요하다.
공수도 막기의 큰 특징으로 들 수 있는 것은 복싱이나 그 밖의 격투기에서는 볼 수 없는 차기에 대한 방어법이라는 것이다. 손이나 팔뿐만 아니라, 발·다리도 마찬가지로, 아니 그 이상으로 이용할 수 있다는 것은 공수만이 지닌 '방어기술'이다.
최근에 와서 시합이 자주 거행되고 있는데, 그 때문에 포인트를 따는 것에 전력을 기울이게 되고, 변화·연속기술·몸다루기·맞상대를 중시하게 되었다. 따라서 기교면에서는 크게 진보한 것같이 보이는데, 그것은 좋기는 하나, 특징 있는 막기가 아주 적어졌다는 것이 유감스러운 일이다. 또 방어기술과 공격기술이 판연하게 구별되어, 본래의 막기, 즉 끝내기라는 관념이 사라지게 된 것은 그 선악이 어떻든 확실히 재검토할 필요가 있다.
지나치지 않게 막는다 : 막으려고 해도 억지로 팔을 휘두르는 것은 미숙한 사람들에게서 많이 볼 수 있는 일이다. 막는 기술은 적당한 위치에서 끝내기하고, 지나치지 않게 막도록 유의해야 한다. "지나치게 막으면" 앞에서 말한 몇 가지의 요인처럼, 옆구리도 죄어지지 않고 마무리도 없으며, 자세도 자연히 흐트러지고 말아 다음 기술을 걸 수도 없게 된다. 상체 각 근군(筋群)의 긴장·협력도 얻을 수 없으므로 결국은 약소한 공격에도 견딜 수 없게 된다.
상단막기 : 앞팔을 이마 앞 주먹 하나 정도 비워서 비스듬해지도록 얹는 것이 적당하고 막기 쉽다. 상대의 공격 코스가 그대로 뻗쳐 와도 이 자세로 있으면 머리 위를 지나쳐 버릴 것이다. 타이밍으로서도 빠듯한 선으로 충분히 쓸 수 있을 것이다.

흘려서 막기

제 5 장 기본기의 원리

### 막기의 좋지 않은 예

상단막기가 얕고 멀다

팔꿈치가 높다

팔꿈치가 높다

하단막기의 팔이 몸에서 가깝다

손목 회전이 늦어 팔꿈치가 오른다

막기가 좁다

막기 간격이 너무 넓다

허리가 돌아있지 않다

막기는 끝내기 수이다 : 앞에서 말한 것처럼, 막는 기술 자체가 사용하기에 따라서는 상대에게 타격을 주는 끝내기 수가 된다. 공수도에 있어서는 자주 볼 수 있는 일이지만, 다른 무도에는 그 유례가 적다. 막기가 막기로 끝나지 않고, 뛰어난 끝내기 수도 된다는 것은 공수도 기술의 독특한 특성일 것이다.

상단막기 : 상단막기라도 조금 깊이 허리를 낮추고, 상체를 약간 앞기울이기가 되게 하여 상대가 질러오는 팔 밑을 빠져 나오면서 뛰어들면 알맞게 팔꿈치의 두부가 옆구리 밑의 급소에 맞아, 권추가 인중 또는 턱 밑을 강타한다. 이것은 이미 막기라고 하기보다는 끝내기 수라고 할 수 있다. 또 일단 상단막기를 하여, 바로 그 손바닥으로 상대의 손목을 잡아 끌어내리면서 다른 팔로 상단막기를 하는 것과 같은 요령으로 위에 튕겨올리면, 상대의 팔꿈치 관절에 강한 타격을 주는 것과 동시에 역을 잡는 것도 된다.

중단팔막기・수도막기 : 상대의 움직임과 거의 동시에, 타이밍이 좋게 한 발 내디디면서 크게 주먹・수도를 휘둘러서 막으면 좋다. 이렇게 하면 막기로서의 효용을 다하기 전에 이미 주먹으로 인중을 치거나, 혹은 수도의 손끝으로 눈을 내려치면서 끝내기 수로서의 효과를 발휘한 것이 된다. 또한 상대가 얼굴을 겨눠서 공격하는 것에 대하여, 이쪽도 역으로 질러올리는 것처럼 팔꿈치를 약간 옆으로 뻗고, 질러 뻗쳐오는 상대의 팔을 안쪽에서 밀어젖히면서 그대로 돌진하여 끝내기하는 강렬한 케이스도 적지 않다.

뛰어들어서 상단막기

뛰어들어서 상단내려치기

팔꿈치 문질러막기(막아지르기)

팔꿈치 문질러막기(막아지르기) →

뛰어들어서 수도막기

막기의 기초연습 : 서로 주먹이 미치는 거리에 서서, 번갈아 다음의 동작을 반복한다.

             A                  B
① 우 상단지르기 → 우 상단막기
② 좌 상단막기 ← 좌 상단지르기
③ 우 중단지르기 → 우 상단내려치기
④ 좌 중단팔막기 ← 좌 중단지르기
⑤ 우 하단지르기 → 우 하단막기
⑥ 좌 하단막기 ← 좌 하단지르기
  마찬가지로,
① 우 상단지르기 → 좌 상단막기
② 좌 상단막기 ← 우 상단지르기
③ 우 중단지르기 → 좌 상단내려치기
④ 좌 상단내려치기 ← 우 중단지르기
⑤ 우 하단지르기 → 좌 하단막기
⑥ 좌 하단막기 ← 우 하단지르기

상단내려치기와 마찬가지로 안쪽막기도 연습한다. 처음에는 느리게, 차츰 급속히 강하게 되풀이 연습하여 숙달에 힘쓴다.

제 5 장 기본기의 원리

## ■ 지르기

역지르기(逆突) : 역지르기는 안정된 강인한 서기에서의 지르기이며, 큰 충격력을 지닌 강력한 것이다. 허리의 회전은 충분히 이용해야 하나, 허리의 높이는 일정하게 수평으로 회전하고, 위치를 바꾸지 않는 쪽이 좋다. 그리고 뒷다리를 버티고, 골반을 약간 앞으로 밀어내듯이 하여 무게 중심을 약간 앞쪽에 옮기면서 지르는 쪽이 보다 효과적이다. 조금이라도 뒤쪽으로 벗어나게 지르는 것은 효과가 없다.

역지르기는 허리를 회전시키는 것에서부터 시작된다. 허리·가슴·어깨·팔·손으로 연쇄운동을 일으켜야 속도가 증대되고, 주먹이 목표에 격돌하여 폭발한다. 격돌한 순간은 허리·가슴·어깨·팔·손 등이 하나의 철봉처럼, 또 한 장의 철판처럼 공고하게 연결되는 것이 중요하며, 그러기 위해서 필요한 근육은 협조하여 강하게 수축해야 한다. 허리를 단단히 낮춘 견고한 자세로 타이밍 좋게 허리를 회전하고, 뒷다리의 버팀을 살려 반작용으로 큰 수평분력을 살리는 것이 중요하다.

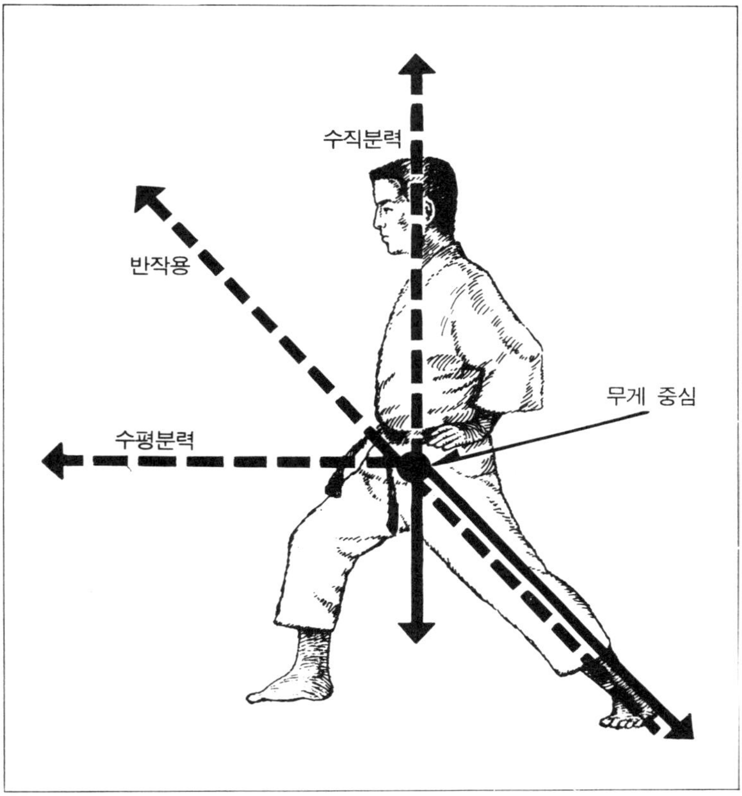

제 5 장 기본기의 원리

- 바로지르기(쫓아지르기) : 크게 내디디면서 지르므로 쫓아지르기(追突)라고도 한다. 바로지르기는 그 자리에서 지르는 것보다도 크게 전진하며 행할 때가 더 많다. 무게 중심의 이동을 수반하기 때문에 타격의 효과도 크다. 자연체 또는 전굴자세에서 뒷발을 크게 한 발 내디디고서 전진하고, 전굴자세가 되면서 내디딘 발과 같은 쪽의 정권(正拳)으로 상단 또는 중단을 지른다.
  바로지르기의 경우, 발을 내딛는다고 하기보다 오히려 반대쪽의 발을 뒤로 세게 버티고, 그 반작용을 이용하여 허리를 쑥 앞쪽으로 밀어내면서 전진하는 것이 중요하다. 이 내딛는 발은 신속히 하지 않으면 상대에게 다루어질 뿐만 아니라, 그 발을 역으로 후리기를 당할지도 모른다. 그러기 위해서는 가능한 한 발뒤축을 들지 않고 발바닥 전체로 마룻바닥을 미끄러지듯 하면서 휙 하니 낼 수 있으면 이상적이다. 허리의 밀어내기 방향, 즉 무게 중심이 이동하는 방향과 지르기의 방향이 동일해야 하고, 또한 그런 방향은 뒷다리를 뻗어서 마룻바닥을 미는 방향과 정반대가 되는 것이 좋다.
- 흘려서 지르기 : 몸의 다루기를 이용한 바로지르기로, 반신자세인 채로 바로지르기하는 때도 있고, 비스듬히 앞쪽으로 내면서 행하거나, 비스듬히 뒤쪽으로 물러나면서 지르기도 한다. 이동하는 동안 비스듬히 방향을 바꿀 때는 허리의 회전을 이용하는 것으로, 상대의 공격을 다루면서 반격할 때 유효한 방법이다.

**찔끔찔끔 지르기**: 바로지르기의 일종으로, 축이 되는 발을 이동시키지 않고, 뒷다리로 버티기와 허리의 회전력으로 앞에 자세를 취한 주먹으로 찔끔찔끔 지른다. 이 지르기만으로 끝내기하는 때도 있으나, 대개의 경우는 이 지르기를 견제로 쓰고, 바로 다른 주먹으로 역지르기나 바로지르기로 끝내기한다.

무게 중심을 이동시키지 않고 그대로의 자세로 지르는 경우와, 뒷다리로 버티고 허리를 앞으로 밀어내, 무게 중심을 이동시키면서 지르는 경우가 있다. 뒷다리의 버티기에 의한 반작용과 허리의 회전력을 이용하는 것은 다른 지르기 기술과 같다.

## ■ 치 기

치기 기술의 스냅 : 치기 기술에 있어서는 스냅의 활용이 특히 중요하다. 치기는 팔꿈치 관절의 탄력과 스냅을 이용하여 가로로, 세로로, 비스듬하게 돌린다. 맞히기는 앞으로, 옆으로, 뒤로, 위로, 아래로 밀어내면서 행한다.

① 팔꿈치를 중심으로 원활히, 신속하게 앞팔의 굽혀펴기가 이루어져야 한다. 팔꿈치에 조금이라도 힘이 들어가게 되면 효과가 없다.
② 어깨의 힘을 빼고, 주먹이나 수도를 굳혀 무겁게 하지 않으면 좋은 스냅은 생겨나지 않는다. 불필요한 힘을 빼는 것이 요령이다.
③ 스냅은 그 호(弧)가 클수록 힘이 효과적으로 발휘된다. 팔꿈치가 다 펴지지 않았는데도 억지로 앞팔을 되돌리려고 하는 것은 좋지 않다.
④ 스냅은 무엇보다도 속도에 그 효과가 좌우된다. 신속하게 마음껏 팔꿈치를 펴서 주먹이나 수도를 날리는 것이 좋다.
⑤ 상완(上腕)의 뒤쪽에 있는 신근(伸筋＝上腕三頭筋)을 주동근으로 삼고, 급격히 수축시켜 팔꿈치 관절을 세게 신전시킨다. 그것이 극한에 달했을 때 갑자기 탈력하여 이완시키면 길항하여 작용하고 있는 굴근(屈筋＝上腕二頭筋)이 갑작스럽게 긴장의 도를 높여 급속히 앞팔을 되돌리면서 스냅이 완성된다. 굽혀펴기에 의한 근육의 활동감각을 연습에 의해 터득하는 것이 필요하다. 스냅은 겨드랑이가 헐거워지지 않도록 앞팔은 늘 상체에 접근하여 이동시켜, 팔꿈치의 밀어내기에는 앞팔의 비틀림도 주는 쪽이 효과적이다.

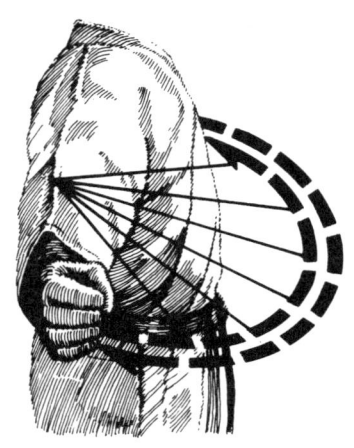

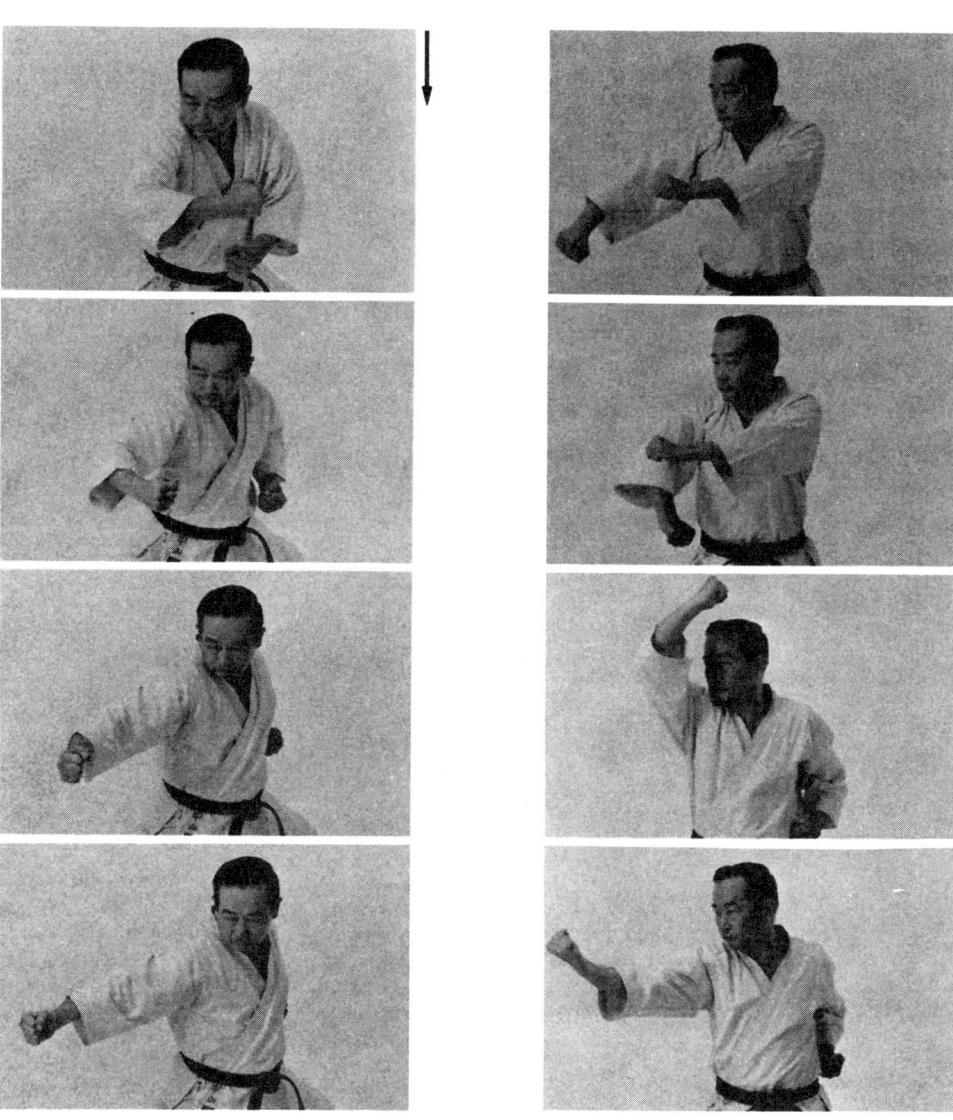

주먹을 쓰는 치기 기술: 주먹은 옆으로 돌려 치는 경우와 세워서 돌려 치는 경우가 있는데, 팔꿈치의 스냅, 손목의 스냅을 살리는 것이 포인트.

옆돌리기: 팔꿈치 관절을 중심으로 앞팔을 마룻바닥과 평행으로 굽혀펴기 시키는 것이 옆돌리기이다.

세워돌리기: 앞팔을 세워서 굽혀펴기 시키는 것이 세워돌리기이다. 팔꿈치에 힘을 주지 않도록 하는 것과, 주먹을 단단히 꽉 쥐는 것이 포인트이다.

수도치기: 수도는 안쪽에서 돌려 치는 경우와 바깥쪽에서 돌려 치는 경우가 있다. 안쪽에서 돌릴 때 허리는 역회전(逆回転). 바깥쪽에서 돌릴 때 허리는 순회전(順回転). 앞팔을 비틀어서 부딪치면 효과적이다.

안쪽돌리기: 허리의 역회전과 동시에 앞팔을 비틀면서 팔꿈치를 펴고 목표에 맞힌다.

바깥돌리기: 허리를 회전시키면서 앞팔을 비틀고, 바깥쪽에서 옆으로 크게 돌리면서 팔꿈치를 펴고 목표에 맞힌다.

**팔꿈치로 치기의 숙달법** : 팔꿈치로 치기에서 중요한 것은, 팔꿈치를 앞으로 밀어내며 주먹을 유방에서 유방으로 문지를 것과, 팔꿈치가 몸에서 떨어지지 않도록 하는 것이다.

**팔꿈치 겨드랑이치기** : 오른쪽 팔꿈치를 사용할 때는, 오른쪽 주먹을 왼쪽 유방에서 오른쪽 유방까지, 가슴을 문지르고 앞팔을 비틀면서 일직선으로 뻗는다.

**팔꿈치 앞돌려치기** : 지르기와 같은 요령으로, 주먹은 겨드랑이를 문지르지만, 오른쪽 팔꿈치로 치기이면 왼쪽 유방까지 몸에서 떨어지지 않게 하고 문지르도록 한다. 주먹은 유방에서 유방으로 비틀면서 문질러 간다. 손등은 위를 향한다.

**팔꿈치 올려치기** : 팔꿈치를 깊이 구부린 주먹을 옆구리(몸의 측면)를 따라 위로 들고, 주먹을 귀까지 든다. 팔꿈치는 다시 그보다 높이 목표를 친다. 이 때 손등은 바깥쪽을 향한다.

**팔꿈치 뒤로치기** : 지르기의 당기는 손과 같은 요령으로, 팔꿈치로 옆구리를 문지르고, 몸의 측면을 문지르면서 세게 뒤로 지르면서 친다.

**팔꿈치 내려치기** : 팔꿈치를 높이 치켜올려, 급속히 깊게 구부리면서 바로 밑으로 내린다. 이 때 허리와 같이 바로 밑으로 내린다.

**팔꿈치 돌려치기** : 팔꿈치를 앞으로 밀어내고, 앞팔을 비틀면서, 오른쪽이면 오른쪽 주먹을 오른쪽 유방 앞에 취하고, 팔꿈치를 바깥쪽으로 돌리면서 목표를 친다.

## ■ 차 기

**올바른 무릎 올리기** : 차기 위해 우선 가장 먼저 해야 할 일은, 한 다리로 서서 다른 다리를 똑바로 끌어올려 무릎을 가슴 높이로 올리는 것이다. 무릎을 가슴 높이로 올리기는 차기 위한 준비태세이며, 속도가 있는 가볍고 빠르게 행하는 올바른 무릎의 가슴 높이 올리기는, 위력이 있는 매서운 차기를 유발하는 보조동작이라고 할 수 있다. 또한 다리로 버티는 밸런스와 차는 발의 코스를 감득하는 데에도 크게 도움이 된다. 발을 들어 무릎을 가슴 높이로 올리면 허리의 굴근, 주로 장요근·치골근이 먼저 작용해서 시동하고, 그리고 봉공근·대퇴사두근의 일부, 내전근·대퇴이두근이 이것에 협력하면서 발이 끌어올려진다. 이런 주동근은 대부분이 골반에 이어져 있으므로, 골반은 단단히 고정되어 있지 않으면 이들 모든 근의 유효한 기능은 기대할 수 없다. 골반을 고정하는 데 도움이 되는 것은 복직근을 주로 삼는 복근군이다. 버팀다리는 발목을 구부리고 무릎을 약간 굽히며, 대퇴사두근, 즉 대퇴의 모든 근은 말할 것 없고, 하퇴의 평목근·비복근·비골근 등을 적당히 긴장시켜, 견고하고 확실하게 서는 것이 필요하다. 허리를 낮추는 것에만 너무 집착하면 버팀다리의 무릎관절을 깊이 굽혀서 각 근의 협조를 잃어 차기가 나쁘다. 무릎관절을 알맞게 굽혀 하퇴를 약간 앞쪽으로 기울이고, 하퇴 앞부분의 전경골근을 특히 긴장시켜 고정시키는 것이 무엇보다도 중요하다. 무릎 올리기는 잘 구부린 무릎을 가슴 높이 올리고, 다리의 무게를 허리에 접근시키는 동작에 유념해야 한다.

제 5 장  기본기의 원리

허리와 발목의 탄력 : 무릎 올리기에서, 무릎관절의 스냅을 살려서 차올리기, 무릎관절을 세게 신장시켜서 차기, 어떻든간에 다리 힘에만 의지하는 것은 큰 위력의 효과적인 차기가 되지 못한다. 이상적인 차기가 되도록 하기 위해서는 다시 허리의 탄력과 발목의 탄력을 충분히 활용하는 것이 필요하다. 차는 순간에 요추를 차는 방향으로 갑자기 밀어내고, 차기가 끝난 즉시 허리를 제자리로 되돌리지 않으면 안 된다. 이 요추의 밀어내기와 되돌리기에 큰 영향을 받는 것은 발목이다. 허리를 밀어내고 다리를 던질 때 그 강한 충격에 견디지 못하면 밸런스는 흐트러지며, 몸은 불안정해지고 만다. 발뒤축이 뜨지 않도록 발바닥 전체로 마룻바닥에 밀착하고, 즉시 허리를 되돌리고 다리를 되돌려 밸런스를 유지하기 위한 동작을 발목이 맡지 않으면 안 된다. 그러기 위해서는 강인한 발목이 필요하며, 평소의 발목 단련이 매우 중요하다. 차기 위해서는 발관절의 굽혀펴기 효과에 의해 하퇴가 앞기울이기하고, 요추가 밀려 나가며, 차기가 끝나면 요추가 되돌려지고, 하퇴가 제자리로 돌아가는 것이다. 이 사이에 무릎관절은 얼마간 굽힌 채 고정되어 있지 않으면 안 된다.

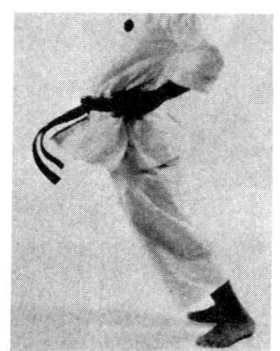

**무릎의 스냅과 굽히고 펴기** : 차기에는 두 가지 방법이 있다. 무릎관절의 탄력을 이용하여 충분히 스냅을 살려서 차올리는 것과, 무릎관절을 세게 신장시키면서 차거나 뛰어드는 방법이다.

**스냅** : 차기 위해서는 충분히 무릎을 올리고, 무릎을 중심으로 반원을 그리면서 세게 스냅을 살린다. 차기는 버팀 기저면(基底面)이 작고 대단히 불완전하며, 게다가 차는 힘이 밑에서 위쪽으로 가해지므로 얼마간 밸런스를 잃기 쉽다. 또 조금이라도 빨리 두 다리로 서는 안정도가 중요하며, 다음 기술의 준비를 해야 하기 때문에 무엇보다도 속도가 요구된다.

속도가 없는 스냅은 몸의 밸런스를 잃기 마련이고, 상대에게 큰 충격을 주기 때문에 필요한 힘은 생겨나지 않는다. 속도만이 차기의 생명이다. 스냅을 살리는 것에는 차내기 3분, 당기기 7분이라고도 한다. 이것은 차내기보다도 당기는 쪽이 중요하다는 기분상에서의 밸런스 문제인 것이다.

보다 강한 스냅을 살리기 위해서는 속도 있는 스냅은 말할 것 없지만, 차낼 때는 손끝으로, 되돌릴 때는 발뒤꿈치로 힘을 옮기는 것이 필요하다.

**굽히고 펴기** : 무릎의 올리기 자세에서, 앞으로, 앞기울이기 밑으로, 옆으로, 옆 비스듬히 밑으로, 무릎관절을 세게 신장시켜서 차기를 한다. 차기를 했을 때는 대퇴와 하퇴는 거의 일직선이 된다.

바로지르기와 마찬가지로, 목표에의 코스는 최단거리를 곧장, 차내기는 가볍고 빠르게, 가능한 최대속도로 목표에 맞히는 순간, 전신의 힘을 집중할 수 있도록 평소의 연습에서 숙달해 두지 않으면 안 된다.

차기를 할 때에 중요한 것은 간격이다. 즉 맞히는 순간의 차는 거리가 문제이다. 차는 다리의 무릎관절이 다 펴지는 순간에 최대한의 힘이 폭발하므로, 그와 같은 상태에 있을 때 목표에 맞으면 효과는 크지만, 무릎이 깊이 굽은 채로 맞으면 반압(反壓)을 견디지 못하여 차는 발이 역으로 되튕겨지고 만다. 또 무릎관절이 다 펴진 상태에서 목표에 맞으면 더 한층 세게 반응하여 몸까지도 되튕겨지고 말 것이다. 비스듬한 각도로 밑을 찰 때는 그렇지도 않지만, 바로 옆일 때는 강한 저항을 받고, 위를 찰 때는 그 영향이 매우 커진다. 간격이 힘의 효과에 미치는 중요함을 잠시도 잊어서는 안 된다.

## ■ 기본기 연습 스케줄 (3개월을 기준으로)

| 주 | 기본기 | 내 용 | 주 의 사 항 |
|---|---|---|---|
| 제1주·제2주 | 지르기 | 자연체 팔자(八字) 서기 | 목표에 대하여 곧바로 마주본다<br>① 최단 코스  ② 속도  ③ 힘의 집중 |
| | 차기 | 자연체 발모아서기 | ① 무릎 올리기(가슴 가까이)<br>② 스냅을 충분히<br>③ 차내기 3분, 당기기 7분<br>④ 버팀다리는 발목을 죄고, 무릎의 각도를 올바르게<br>⑤ 차는 다리는 무릎 올리기를 재빨리 |
| | 전굴자세 | 반신→정면<br>정면→반신<br>(손을 허리로) | ① 발의 벌림을 정확하게<br>② 무릎과 발끝의 방향은 동일 방향으로<br>③ 두 무릎을 잇는 연장선에 무릎을 세게 뻗는다<br>④ 허리는 마룻바닥과 평행으로 |
| | 역지르기 | 전굴자세 | ① 당기는 손을 크게<br>② 당기는 손으로 허리의 회전을 유도<br>③ 뒷다리를 버티고 반작용을 활용한다 |
| | 앞지르기 | 전굴자세 | ① 버팀다리의 발목을 앞으로 넘기고, 허리의 밀어내기를 재빨리<br>② 버팀다리의 무릎과 발끝은 다 같이 차는 방향으로 향하게 한다 |
| 제3주·제4주 | 바로 지르기<br>(쫓아서 지르기A) | 자연체에서 좌우 교호<br>(交互)로 | ① 축이 되는 다리로 세게 마룻바닥을 누르고, 그 반압(反壓)으로 허리를 재빨리 밀어낸다<br>② 옮기는 발은 발바닥 전체로 가볍게 마룻바닥을 문지르듯이 재빠르게 |
| | 하단 막기 | 자연체 에서 좌우<br>전굴자세 교호로 | ① 반신자세가 되고, 당기는 손은 충분히 세게<br>② 허리의 회전은 날카롭고 크게<br>③ 받는 손은 어깨 위에서 비틀면서 휘둘러 내린다(팔꿈치는 충분히 뻗는다) |
| | 바로 지르기<br>(쫓아서 지르기B) | 하단자세에서 전진 | ① 앞 발목을 넘기고, 허리를 신속히 끌어당긴다<br>② 뒷발을 끌어당겨 앞다리의 체중이 되고, 그 다리를 축이 되게 하여 다시 발을 앞으로 옮기면서 허리를 밀어낸다 |
| | 기마자세 | 자연체에서 좌우 | ① 두 발바닥 전체로 마룻바닥에 달라붙듯이<br>② 두 무릎을 잇는 연장선상으로 무릎을 서로 뻗는다<br>③ 무릎의 수직선은 엄지손가락이 붙은 부분에 오도록 한다 |

| | | | |
|---|---|---|---|
| 제5주·제6주 | 옆차올리기 | 발모아서기로 | ① 몸은 정면을 향한다<br>② 무릎을 몸쪽으로 높게 올린다<br>③ 스냅을 충분히 살린다(무릎을 중심으로)<br>④ 차는 발은 무릎 옆에서 차고, 무릎 옆에서 끝낸다 |
| | 상단막기 | 자연체<br>전굴자세 ｝좌우 교호로 | ① 막는 손의 팔꿈치는 몸쪽에서 밖으로 삐져 나오지 않도록 한다<br>② 앞팔은 이마 앞 한줌인 곳<br>③ 당기는 손과 막는 손은 턱 앞에 십자를 그을 듯이 크로즈시킨다 |
| | 옆차내기 | 발모아서기 | ① 차는 발은 무릎을 가슴 가까이 올리고, 무릎을 바로 옆 일직선으로<br>② 차는 발의 코스는 밀어내기와 당기는 동일 코스를 |
| | 중단<br>팔막기<br>(상단<br>내려치기)<br>(중단<br>팔막기) | 자연체<br>전굴자세 ｝에서<br>기마자세 좌우 | ① 바깥막기→팔꿈치는 직각으로 굽히고, 바깥쪽에서 반원을 그리듯이 옆으로 털어 버린다<br>② 안쪽막기→팔꿈치는 옆구리 앞 한줌, 주먹은 어깨의 높이, 앞팔은 팔꿈치를 중심으로 세우듯이 안쪽에서 털어 버린다<br>③ 중단막기, 중단팔막기 다 같이 충분한 반신자세를 취할 것 |
| 제7주·제8주 | 후굴자세 | 자연체에서 ｝좌우<br>전후 | ① 체중은 앞다리 3분, 뒷다리 7분의 비율로<br>② 앞무릎은 가볍게 편다<br>③ 상체는 반신자세로 직립(直立)한다 |
| | 수도막기 | 자연체로<br>후굴자세로 | ① 어깨 위에서 비스듬히 밑으로 베어 내려는 느낌으로<br>② 팔꿈치는 옆구리 앞 주먹 한줌인 곳 |
| | 막기→<br>지르기<br>막기→<br>차기 | 자연체 팔자(팔자)<br>자세로 좌우 반복한<br>다<br>상·중·하단 막기에<br>서 차기<br>전굴자세⇄후굴자세<br>로 변환하면서 | |
| 제9주 | 이동<br>5보대련 | 막기와 반격으로 전진<br>후퇴<br>좌우양측으로<br>상단·중단의 공방 | ① 발 움직임, 몸 다루기를 원활하게<br>② 이동을 충분히 터득한다<br>③ 손 움직임도 스무드하게<br>   정확하게, 세게 |
| 제10주~제12주 | 형<br>기본단보<br>대련 | 평안초단<br>상단<br>중단<br>앞차기의 공방 | 기술의 기초적인 운용에 숙달한다 |

## ■ 공수에 필요한 여러 근육

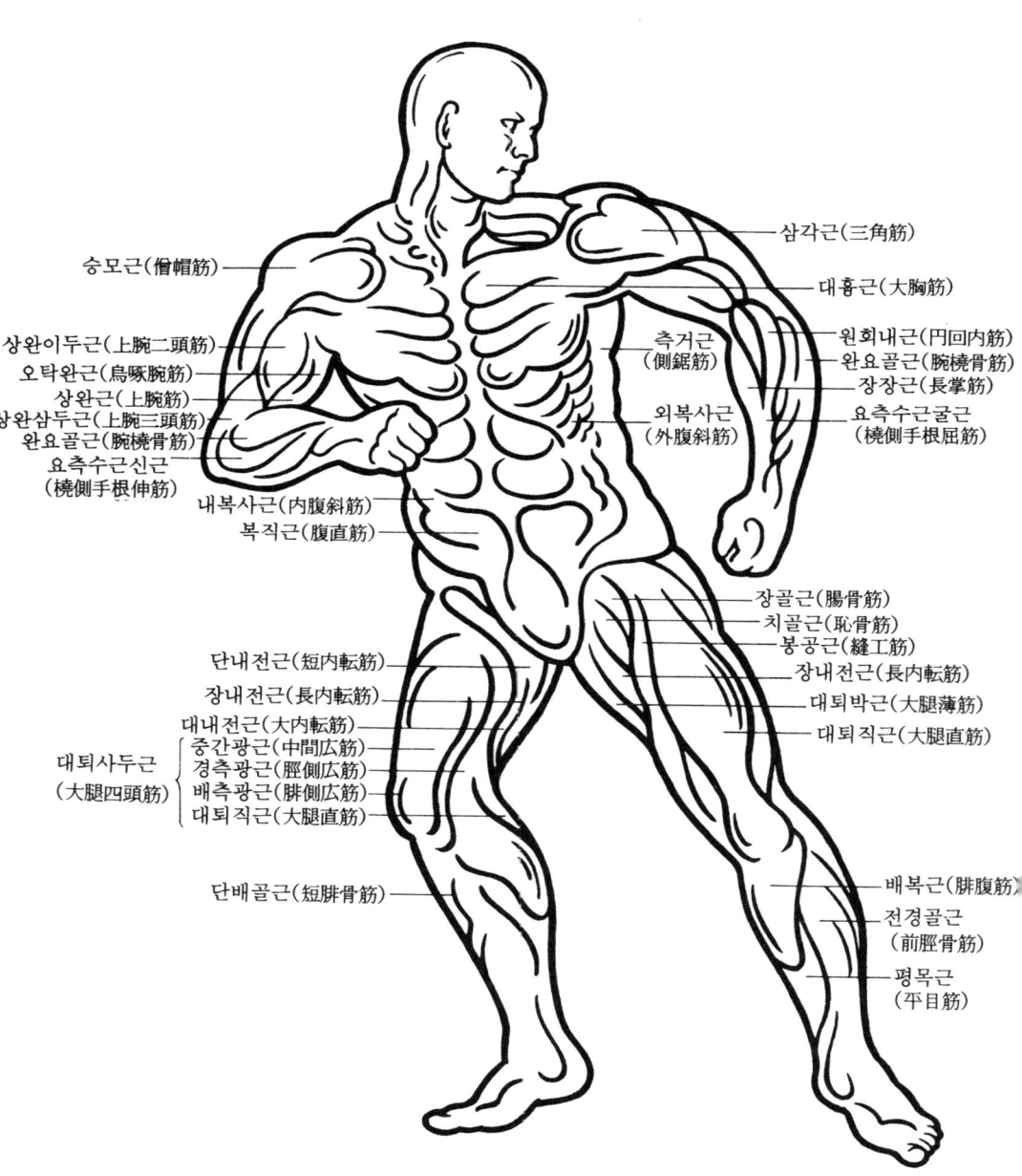

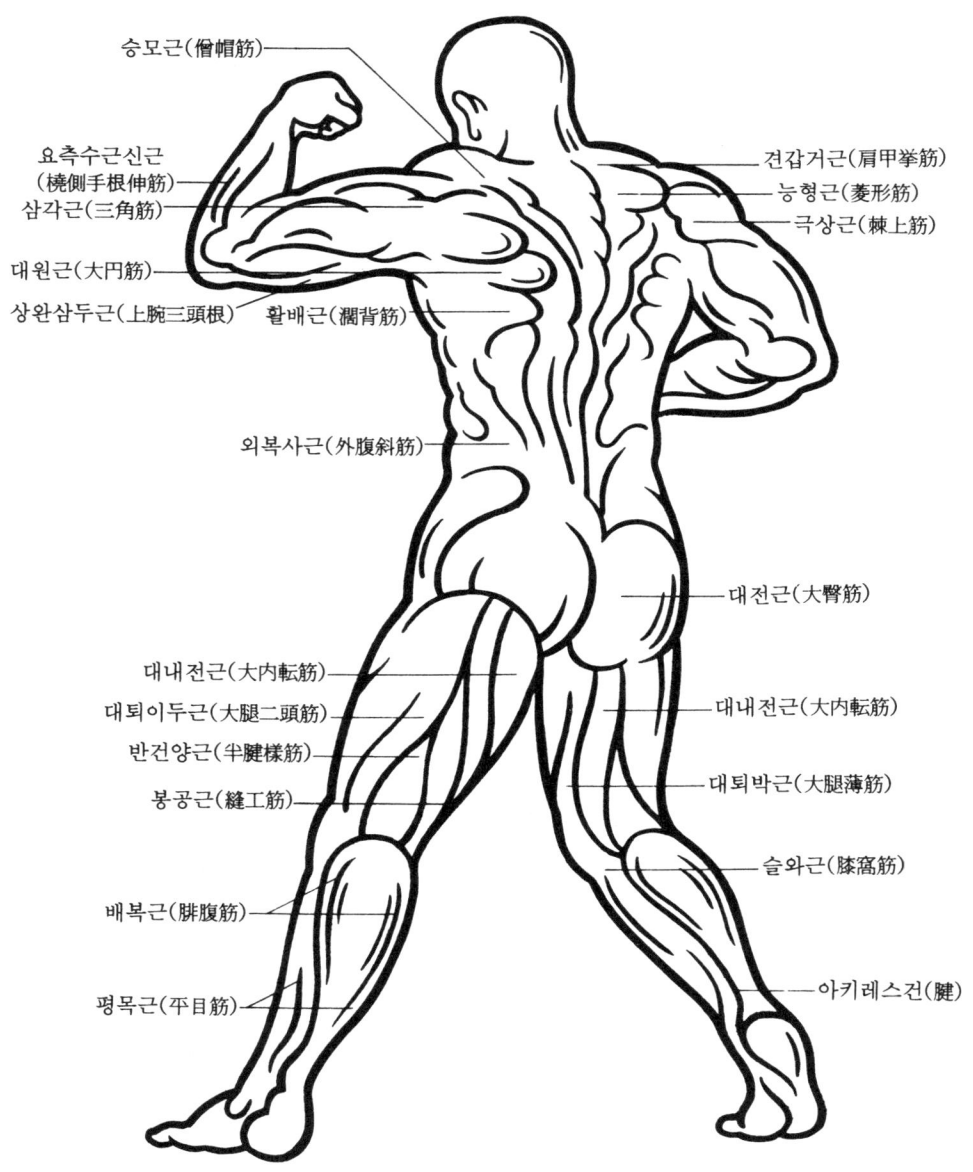

공수에 필요한 여러 근육

# ■ 공수에 필요한 여러 근육

1) 허리의 회전과 밀어내기에 주로 작용하는 여러 근육
   허리관절 → 복직근(腹直筋)・외복사근(外腹斜筋)・내복사근(內腹斜筋)・요방형근(腰方形筋)・대요근(大腰筋)・대전근(大臀筋)

2) 서기에 주로 작용하는 여러 근육

• 다리의 굴곡(屈曲)에 작용하는 여러 근육
   고관절(股関節) → 대요근(大腰筋)・장골근(腸骨筋)・대퇴직근(大腿直筋)・대퇴박근(大腿薄筋)・봉공근(縫工筋)・치골근(恥骨筋)・장내전근(長内転筋)・단내전근(短内転筋)
   무릎관절 → 반건양근(半腱様筋)・반막양근(半膜様筋)・대퇴이두근(大腿二頭筋)・배복근(腓腹筋)・슬와근(膝窩筋)

• 다리의 신장에 작용하는 여러 근육
   고관절(股関節) → 대전근(大臀筋)・대내전근(大内転筋)
   무릎관절 → 대퇴사두근(大腿四頭筋)

3) 지르기・치기에 주로 작용하는 여러 근육

• 팔을 들기 위해 작용하는 여러 근육
   어깨관절 → 극상근(棘上筋)・능형근(菱形筋)・승모근(僧帽筋)・외측거근(外側鋸筋)・삼각근(三角筋)

• 팔을 신장하기 위해 작용하는 여러 근육
   어깨관절 → 삼각근(三角筋)・활배근(濶背筋)・대원(大円筋)
   팔꿈치관절 → 상완삼두근(上腕三頭筋)

• 팔을 굴곡(屈曲)하기 작용하는 여러 근육
   어깨관절 → 대흉근(大胸筋)・삼각근(三角筋)・오탁완근(烏啄腕筋)・견갑거근(肩甲挙筋)・외측거근(外側鋸筋)
   팔꿈치관절 → 상완이두근(上腕二頭筋)・완요골근(腕橈骨筋)・상완근(上腕筋)・요측수근신근(橈側手根伸筋)・요측수근굴근(橈側手根屈筋)・장장근(長掌筋)

• 팔을 앞으로 돌리기(비틀기)에 작용하는 여러 근육
   팔꿈치관절 → 원회내근(円回内筋)・방형회내근(方形回内筋)

4) 차기에 주로 작용하는 여러 근육

- 받침다리(支持脚)의 고정에 작용하는 여러 근육
  허리관절, 가랑이관절 → 대전근(大臀筋)・선극근(仙棘筋)・다열근(多裂筋)・복직근(腹直筋)・대요근(大腰筋)

  무릎관절, 발관절 → 대퇴이두근(大腿二頭筋)・대퇴사두근(大腿四頭筋)・배복근(腓腹筋)・평목근(平目筋)・배골근(腓骨筋)・전경골근(前脛骨筋)

- 차는 발의 무릎 끼기에 작용하는 여러 근육
  허리관절, 가랑이관절 → 복직근(腹直筋)・장요근-대요근(腸腰筋-大腰筋)・소요근(小腰筋)・장골근-봉공근(腸骨筋-縫工筋)・내전근(内転筋)・치골근(恥骨筋)

  무릎관절 → 슬와근(膝窩筋)

- 차는 발의 신전에 작용하는 여러 근육
  무릎관절 → 대퇴사두근(大腿四頭筋)

- 차는 발의 굴곡에 작용하는 여러 근육
  무릎관절, 발관절 → 대퇴이두근(大腿二頭筋)・반막양근(半膜樣筋)・반건양근(半腱樣筋)・슬와근(膝窩筋)・평목근(平目筋)・배복근(腓腹筋)

감수자／명재옥

| | | |
|---|---|---|
| 1938. 12. 31. | | 전남 강진에서 출생 |
| 1965. 4. | | 공수도 5단 |
| 1965. 9. 15. | | 합기도 제1연무관 개설 |
| 1968. 11. 9. | | 합기도 심사위원장 |
| 1974. 5. | | 합기도 관장회의장 |
| 1981. 3. 9. | | 합기도 이사 겸 부회장 |
| 1984. 1. | | 합기도 10단 승단 |
| 1986. 1. 1. | | 족술도 창시(道主) |
| 1986. 1. 1. | | 회전무술(도) 창시(道主) |
| 1986. 5. 5. | | 회전무술 족술도 무재(武宰) 취임 |
| 1986. 6. 9. | | 족술도 교본 저작 |
| 1987. 3. 15. | | 세계 회전무술회 총본부장 취임 |
| 1987. 4. | | 회전무술 교본 저작 |
| 1988. 5. 5. | | 회전 검술도 창시 |
| 1988. 5. 5. | | 회전 검술도 교본 저작 |
| 1988. 5. 5. | | 회전 봉술도 창시 |
| 1988. 5. 5. | | 회전 봉술도 교본 저작 |
| 1994. 5. 5. | | 경호무도 창시 |
| 1995. 5. 5. | | 세계 경호무도연맹 총재 취임 |

---

## 베스트 空手道全書 2    값 9,000원

1판2쇄 2019년 1월 30일 인쇄
1판2쇄 2019년 2월 05일 발행

저　　자/ 中山正敏(나카야마 마사도시)
독　　자/ 姜泰鼎
감　수　자/ 明在玉

발 행 처/ 서림문화사
발 행 자/ 신종호
주　　소/ 경기도 파주시 광탄면 장지산로 278번길 68
홈페이지/ http://www.kung-fu.co.kr
전　　화/ (02)763-1445, 742-7070
팩시밀리/ (02)745-4802

등　　록/ 제 406-3000000251001975000017 호(1975.12.1)
특허청 상호등록/ 022307호

이 책은 日本 講談社와 韓國語版 발행을 독점계약하였습니다.
ⓒ1995. 講談社(Kodansha International Ltd.), Printed in Korea
ISBN 978-89-7186-155-4 93690